Carl Hauptmann

Ephraims Breite

Schauspiel in fünf Akten

Carl Hauptmann: Ephraims Breite. Schauspiel in fünf Akten

Entstanden 1899. Erstdruck: Berlin (Fischer), 1900. Uraufführung am 06.01.1900, Lobetheater, Breslau.

Neuausgabe mit einer Biographie des Autors
Herausgegeben von Karl-Maria Guth
Berlin 2017

Der Text dieser Ausgabe folgt:
Carl Hauptmann: Ephraims Breite. Berlin: S. Fischer Verlag, 1900.

Die Paginierung obiger Ausgabe wird hier als Marginalie zeilengenau mitgeführt.

Umschlaggestaltung von Thomas Schultz-Overhage

Gesetzt aus der Minion Pro, 11 pt

Verlag: Henricus - Edition Deutsche Klassik GmbH
Mörchinger Str. 33, 14169 Berlin, info@henricus-verlag.de
Druck: Libri Plureos GmbH, Friedensallee 273, 22763 Hamburg

Die Ausgaben der Sammlung Hofenberg basieren auf zuverlässigen Textgrundlagen. Die Seitenkonkordanz zu anerkannten Studienausgaben machen Hofenbergtexte auch in wissenschaftlichem Zusammenhang zitierfähig.

ISBN 978-3-7437-0483-1

Bibliografische Information der Deutschen Nationalbibliothek

Die Deutsche Nationalbibliothek verzeichnet diese Publikation in der Deutschen Nationalbibliografie; detaillierte bibliografische Daten sind im Internet über www.dnb.de abrufbar.

Erster Akt

Personen

Gottlieb Ephraim, Bauer.

Beate Ephraim, Bäuerin.

Breite Ephraim, Tochter.

Ernst Ephraim, Sohn.

Joseph Schindler, Großknecht.

Blumig, Viehhändler.

Tine, Magd.

Ephraims große Bauernstube.

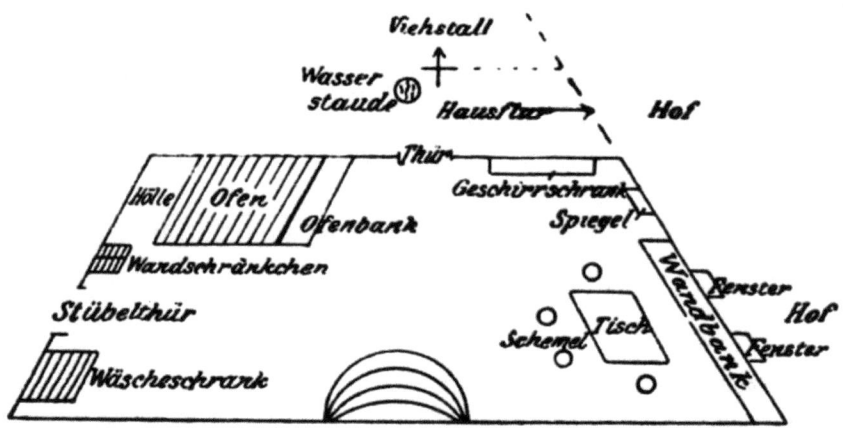

Das Feuer im Ofen brennt. Im Röhr dampfen Töpfe. Hinterm Ofen ist ein Backofenschlupfwinkel, wo einige Betten liegen. Auf dem Tische liegt Brot und Messer. Die Stubenthür ist gewöhnlich offen, so daß man die Viehstallthür sehen kann.

Erste Szene

Man hört aus dem Hause

DER BÄUERIN STIMME. Menner wegen keef Du die Schweindla oder keef se nee! Ich sa' wetter gar nischt. *Die Bäuerin erscheint geschäftig in der Stubenthür und geht an den Herd.* Das giht immerfurt – hie und har – hie und har! Wegen dam ausländscha Knechte muß sich d'r Suhn wer wiß was sa'n lo'n, und nu möcht'r au wieder noch wumeglich die klenn' Schweindla umsuste ha'n – d'r Vater!
TINE *die junge Kuhmagd, ist mit einem Milchkübel in der Viehstallthür erschienen.*
BÄUERIN *noch immer am Herde hantierend.* Ihr Madel! *Lauter.* Ihr Madel!
TINE *eintretend.* Nee, prill'n 's ock nee asu! ich kumme ju schun!
BÄUERIN. Nu har mit d'r Milch! Ihr kinnt Euch wull au wieder amol nee a' de Zeit hal'n, daß ma' sich erscht muß de Plautze aus'm Halse prill'n! *Sie hat den Milchkübel genommen.* Seid'r nee bahle fartig mit dam bißla Melkerei?
TINE *sich gleichmütig mit dem Rocksaume das Gesicht trocknend.* Ju ju – nu immerzu! – *Barsch.* Ich ha' m'r ebens de Schweindla au amol a'gesahn, Frau. Ich bihn ju schun beim Streun –!
BÄUERIN. De Schweindla a'gesahn! – De Schweindla a'gesahn! – Und's Madel? de Breite? Was hot die sich denn wieder a'gesahn? Die hot wull ock wieder bei dam Kerle, dam Joseph zu stihn? – Was?

Man hört des Bauern Stimme.

TINE. Nee, Joseph is erscht noch gar nee vom Felde rei. *Den leeren Milchkübel ergreifend.* Breite thut ock de Ziere noch melka. –

Zweite Szene

Währenddessen ist Bauer Ephraim, ein großer, etwas vorgebeugter, bartloser alter Mann, geschäftig vom Hofe hergekommen. Hinter ihm her der Viehhändler Blumig, ein alter, zäher, schlauer

Handelsmann im offenen Düffelkittel, den Hut im Packen, die Peitsche in der Linken.

TINE *ab in den Stall.*
BAUER *sich an der Stübelthür zurückwendend.* Kanst m'r immer nachgihn, wie a Hund. 's werd nee andersch! Eenundzwanzig Thaler fir die vier elenda Gerippe vo' Schweindlan – und au nee enn' Pfenn'g meh' besihst De.
DIE BÄUERIN *ist nun in der Stubenmitte und sieht den Schürzenzipfel in der Hand, zu.*
VIEHHÄNDLER *sich auf dem Kopf kratzend.* Nee! nee, nee! – I, keene Ahnung! – 's muß ju nee sein. Nee, nee! gar ock bluß a Schada ha'n! Warum ock? Da nahm ich mir meine schin'n Schweindla geruhig wieder mite. *Er wendet sich unschlüssig wieder zur Thür.* 's muß ju nee grade bei Ephraim sein!
BAUER *der nun die Klinke Stübelthür ergriffen hat.* Nee, nee! 's muß au noch nee sein! Immer nihm se mite – alle mitsammen! Schweindla hot's genung ei d'r Welt! *Ab ins Stübel.*
VIEHHÄNDLER *kurz auflachend, während er sich den Hut wieder aufsetzt.* Nu ju ju, Beate. Schweindla hot's wull ernt genung ei d'r Welt. Ock nee immer grade sulche wuschberne Dingerla.
BÄUERIN *die, sobald der Bauer verschwunden ist, eilig und verstohlen Geld aus der Tasche hervorgeholt hat, leise.* Blumig! *Winkend.* Blumig! *Sie drückt ihm verstohlen einen Thaler in die Hand.* A Thaler zu! Mir gefallen die Schweindla grade. Aber's Maul hal'n! Hiersch De!
VIEHHÄNDLER *rückt die Nase verschmitzt lachend in die Höh.* A! – wuhar ock! – *Mit einer Geste abwehrend.*
BÄUERIN *laut.* Du gleebst's asu gar nee, wie's mit dam Mane immer schwerer und schwerer werd zu hantiern! –
VIEHHÄNDLER *laut lachend.* 's is wie mit a Hunden! Die war'n zu guderletzte au immer bieser!
BAUER *vom Stübel zurückkehrend, wie nebensächlich zu Blumig.* Was stihst De noch, Blumig? – Mach, mach, Blumig; mach, daß De naus kimmst! Ich ha' das Getimmel ei menn' Hofe sat! Immer naus mit Denner ganza Schweinerei!
VIEHHÄNDLER, *den Bauer am Ärmel haltend.* Ephraim! – Nihm ock amol a eenzigstes Bissel Verstand a'!

BAUER *höhnisch*. Gleeb ock nee asu was! Wenn ma' Euch beschissna Ludern nee glei a Hals bis ei de Nase vull schitt', da heeßt's glei immer, nahmt ock Verstand a'! – *Ich wihl* gar kenn' sulchen Verstand ha'n. *Er sieht sich plötzlich komisch wie nach etwas um.* Willst De nu, oder's kan sein, ich nahm de Peitsche und ja'te Dich mitsamt da ganza schiena Schweindlan ubadrein zum Luche naus. *Er ist nun auf einmal über legend zur Thür gegangen.*

BÄUERIN. Ju ju ju! Asu is eemol dar Man, Blumig.

BREITE *kommt, ein Schäffchen tragend, herein.*

BAUER *der sich unterdessen am Wandschränkchen zu thun gemacht hat, geschäftsmäßig zu Breite.* Is Schindler Joseph rei'?

BREITE *gleichmütig.* Freilich, ebens sein se rei', Vater. Se stihn schun hinger d'r Scheune.

BAUER. 's is aber au Zeit.

BREITE. Nee, Zeit, Vater, eb die die viela Säcke ei'binda und uflada. Da vergiht wull ernt Zeit. Missig kinn' se da nee sehr gihn.

VIEHHÄNDLER. Nu griß Gott, Breitla! Nee sa' m'r ock, Du bist ju gar a charmant Madel wor'n.– Aber das sitt Dir weeß Gott kenner a, Gotlieb, daß uf Denn' hart'n Acker an sulche schiene Blume wächst. Nu hust De d'n au an Man, Madel?

BÄUERIN. Oh mein Gott, mein Gott! Se mecht an verninftiga ha'n!

VIEHHÄNDLER. Na, kenn' Kummer sitt'r noch kenner a' derentwegen. Du hust ju rute Bäckla und machst mir wenigstens kee biese Gesichte wie d'r Ahle.

BREITE. Ich ha' ju au' kenn' Grund. Du lachst doch au lieber. *Sie hebt ein Schaff auf um zu gehen.* Außerdem ha'n m'r heute asu zu thun, daß m'r zu Schmerza keene Zeit ha'n, au wenn m'r welche hätta.

VIEHHÄNDLER *an sie herantretend.* Das is ju a Madel – nu do – a verpuchtes Dingla – *Er will ihr unters Kinn greifen.* was?

BREITE *grob und höhnisch lachend.* Kumm m'r ock nahnde, ahler Schweinehändler! Ich sa' D'rsch!

BÄUERIN *unwillig.* Sei nee glei asu grob, Madel! das gehiert sich nee! *Breite ab.* Aber kanst's gleeba, Blumig: Das Madel kan macha, was se wihl, 's is gut, und die kan breeta, was se wihl,'s is gut –

BAUER *kurz.* Nu brengt mich nee erscht ei de Wut! Mei Madel giht Dich gar nischt a, Blumig! Die giht iberhaupt niemanda nischte a! Hust mich verstanda, Weib! Kimm'r Du Dich ock lieber *Gesteigert aufgebracht.* a wing im's Muttersihnla! Suste könnt *ich* wieder amol a'fanga zu korieren! Das mecht D'r nee gefall'n! – *Ich hätt'* grade Laune, amol auszupacka mit menn' sieba Sacha –. Das mecht D'r aber nee gefall'n! –

VIEHHÄNDLER *ihm mit einer Armgeste einige Male vergeblich in die Rede fallend.* Nee Gotlieb! – Gotlieb! – hier mich amol a! – hier mich amol a! –

BAUER. Nu freilich hier ich Dich a! An Weile hier ich m'r Dich au' noch a! Aber lange nimmeh'!

VIEHHÄNDLER *geduldig verschlagen.* Mei letztes Wort, Ephraim! An eenzigen Thaler lä'st De noch zu!

BAUER *emphatisch.* Au nee an halben Pfenn'g! Viehhändler. Nu sa' amol salber, Beate, sein's nee schiene Schweindla, was?

BAUER. Nu ha' ich's sat! *Er ruft hinaus.* Joseph! Joseph! – Dar is ju wieder noch derhinga – Ernst! – Junge! – Ernst!

ERNST'S STIMME *aus dem Stalle.* Was? – Was is? – *Darnach erscheint er langsam in der Stallthür und kommt bis an die Schwelle.*

BAUER *als er seiner ansichtig wird.* Wu kimmst Du har? was? – Aus'm Viehstalle? – Warum fuhrst Du nee längst de Blässe noch a wing hie und har? – Du mußt D'r wull erscht noch immer an Arbeit hundertmol besahn? – Was? – Ich war D'r Beene macha! Ich dächte, Du hättst iberhaupt noch was gut vo' mir. Nihm Dich ock zusamma –! Das kimmt noch! – Das könnt immer noch kumma!

ERNST *mit gleichgültigem Ausdruck und ohne ein Wort zu wagen, will abgehen.*

BAUER *energisch.* Hie blei'st De noch! – und hierscht mich erscht a'! – Zuerscht ja'st De mir da Schweinekram aus menn' Hofe naus. Hust mich verstanden? Aber glei alles – alles uf eemol! A Schweinehändler mite. Und a wing attent! Ich wihl glei was sahn!

BÄUERIN. Blumig! Nu besinn Dich aber, ich dächt's wull au!

ERNST *bleibt unschlüssig an der Thür stehen.*

VIEHHÄNDLER *den Bauer haltend.* Gotlieb! – *Lacht.* Du bist a närr'scher Kerl! Da muß ich halt amol elfe grade sein lussen. *Während die Beiden zum Viehstall gehn.* 's is mei' Schade! Jes! da nihm's ock! 's is mei Schade! Aber mei' Vater sa'te au immer – *Sie verschwinden von der Bäuerin gefolgt im Stalle.*

Dritte Szene

ERNST *tritt an den Tisch und schneidet sich Brot.*
JOSEPH SCHINDLER *ein zigeunerischer, finsterer Mensch von etwa dreißig Jahren, ist mit einem Pferdeeimer vom Hofe hereingekommen und an den Herd gegangen.*
ERNST *höhnisch.* Hust De mich'm Vater verkla't? – hahaha. Immer verkla' mich! – immer verkla' mich!
JOSEPH *verächtlich, ohne ein Wort.*
ERNST. D'r Vater sohl mich Dennerwegen ock a'rührn! Aber dann Gnade Gott! das sa' ich Dir.
JOSEPH *voll Haß.* Filze Du bluß noch mal auf meine Alte, Du fauler Kupp! dann kummt's noch besser wie heite! Verstiehst Du!
ERNST *gespannt.* A'a Hals spring ich Dir – Du – Du!

Vierte Szene

BREITE *ist geschäftig hereingekommen.* Was hust D'n wieder mit Josepha, alberner Teifel? *Sie ist zum Herd getreten und nimmt Joseph seine Hantierung resolut ab.* Gieb ock har, ich war'sch ju macha.
ERNST *gemäßigt.* Ich war'sch'n schun noch amol deutlich macha, dam Herr Joseph, war ich bihn. *Höhnend und lässig.* Da kan mich d'r Vater tut schla'n. Aber vor *dam* fercht ich mich nee.

Joseph lacht verächtlich.

BREITE *zu Ernst.* Mach, daß De naus kimmst!
ERNST *plötzlich lächerlich.* Ju, ju, ich gih, ich gih.
BREITE. Du werscht's iberhaupt noch asu lange treiba, bis d'r Vater doch amol werd gar falsch verstihn.
JOSEPH. Du sulltest Dich, weiß Gott, lieber mal su richtig mit die ganze Wut auf Arbeit verlegen. Du huchfahriger Junge, Du! Hust Du mich verstanden!
ERNST *kommt, ohne auf Breite zu achten, gespannt auf Joseph zu.* A' a Hals spring ich Dir – Du Lumpakerl, wenn Du ock immerfurt im menn' Vater rimkrichst, wie a Ohrwurm – Du –

BREITE *drängt ihn kräftig zurück.* Du gihst! Du gihst, sa' ich Dir! *Sie ruft plötzlich.* Vater! Vater!
ERNST *äffend.* Vater! Vater! *Lässig ab.*

Fünfte Szene

JOSEPH *erregt.* Der Junge wird nicht Ruh geben – bis ich oder Deine Vatter ihm mal gehörig Wege weisen – aber das dauert gar nicht mehr lange –
BREITE *die eine Weile hinausgehorcht hat, hängt sich plötzlich an Joseph.* Joseph, Du hust ju vurhie mit d'r Franzel asu lange geredt, Joseph?
JOSEPH *hart.* Was?
BREITE. Du hust mit d'r bihmschen Franzel asu lange geredt? Joseph! Das wihl ich wissa!
JOSEPH *gleichgültig.* Ach! gieb mich lieber flink Warmes. *Er schlägt sich den schwarzen Haarsträhn aus der Stirn.* Muß ich rasch der Blässe warmes Hei schitten. *Hart.* Ich dächte, Du fingst *auch* noch an auf mich zu beißen! Das könnte mich grade passen!
BREITE *hat ihn losgelassen.* O, was giht mich de Blässe a'? Was giht mich d'r Junge a'? Das muß ich wissa! – Joseph, wenn's etwa wuhr wär', was die Leute sa'n –
JOSEPH *gedehnt.* Was?
BREITE. Ich! – krank war ich – wenn ich Dich mit d'r Franzel asu heimlich lacha und reda sah!
JOSEPH *erstaunt.* Aber was sull ich reden mit Franzel, wenn sich soeben kummt zum ersten Mal wieder in Durf? – Haben wir einfach Gruß gesagt, wie jedermann –
BREITE. Nee, nee! Du denkst, ich war mich asu mit Redensarta abspeisa lo'n wie die andern! Ich bihn nee wie die andern. Was ich bihn, das bihn ich. Was ich ha', das will ich au alleene ha'n. Das war ich freilich mit kenner Andern teelen, daß De's wißt. – *Weinen nahe.* Aber warum ha' ich mich au glei' a' Dich gehal'n –
JOSEPH. Nun sag, was *hab* ich mit Franzel geredt? – Willst Du sagen! – Wenn Du bist wie in Wut, Du mußt doch wissen!
BREITE. Wuhar denn, Joseph? Ich war doch eim Kuhstalle und sah Euch ock zum Fenster naus am Zaune stihn –

JOSEPH. Weil Franzel und meine Mutter einfach ging auf Durfstraße vorüber. – Nun! nun sullst Du mich hören. Franzel wird heite mit Mutter in Bethausschenke kummen – und machen mal ausgelasnes Vergnigen am Abend fir Durfleite. Hust Du mich verstanden?
BREITE. Und da willst Du wull hiegihn?
JOSEPH. Was?
BREITE. Fir wan söllt' d'n das a Vergniga sein? was? für Dich und de Franzel! – und ich war derbeine stihn und zusahn wie die 's Rad schlä't? Nee wuhr?
JOSEPH *lachend*. Du hust richtig geraten!
BREITE. Wie dazemal, wu De gar tulle uf das Mensch warscht und ock a ganza Abend das Harfamadel im Arme hieltst. *In Thränen.* Ju, ju – ich söllt lieber uf die Leute hiern –
JOSEPH. Ich frage Dich zum letzten Mal! – Was hab ich gespruchen? Gut! – Im Grunde is sich duch heit ganz anders! – Ach! – Du mußt doch hören, was ich gespruchen!
BREITE. Nee nee, uf die Bricke trat ich nimmeh. – Ich wihl vo' Dir ee's bestimmt wissa! eb das wuhr is, was die Leute reda? Ich wihl wissa, eb Du mit d'r Franzel –
JOSEPH *plötzlich einen verächtlichen Ton anschlagend*. Ich möchte überhaupt wissen, was ich habe von Dich lieben? – Deine Mutter ist eine Hexe zu mich; Deine Bruder, er haßt mich, weil ich sei, wie der Grobe sagt, Zigeiner – der Tölpel! Und Deine Vatter – was weiß ich, was Deine Vatter denkt!? Aber err denkt grade su, daß Tuchter nix wagt zu kummen und sagen: Vatter – Juseph sull meine Mann sein!
BREITE *unschlüssig*. Joseph – das – is – doch – aber
JOSEPH. Sprich gar nix! – Was ich sage, is sich wahr, wie Bibel! – Nun gieß mir warmes Wasser in Eimer, daß ich zu Pferd kumme! Ueber die Sache – wir wullen nochmal ernstlich reden, wenn ich heite Nacht kumme in Kammer!
BREITE *schmollend*. Nee nee, heute darfst De nee kumma.
JOSEPH. Was?
BREITE. Nee nee, das sah ich au' nee ei'. – Nu bihn ich au' ticksch!
JOSEPH. Gut! – Gut! – Su werd' ich also nicht kummen!
BREITE *nachgiebig*. Ju ju! Kumm Du wieder ei de Kammer, jitzund wu's schun asu weit gekumma is – wu m'r ins iberhaupt missa doppelt ei Obacht nahma –

JOSEPH. Weil Vatter und Mutter sulchen schwarzen Teifel verachten! – *Spitz.* Ja, Bauersuhn könnt ruhig in Kammer kummen! – *Wegwerfend.* Was hab ich denn davon? Sag! – Was hab ich denn davon? *Er hat den Eimer ergriffen und will gehen.*
BREITE *hält ihn.* Du wißt, Josephla; wenn De m'r a schie Gesichte machst, ich thu D'r, was ich kan! *Sie streichelt ihn.* 's werd, ju alles noch gut war'n. Au mit'n Vater werd alles noch gut war'n. Wenn m'rsch au nee grade heute und morne sa'n braucha –
JOSEPH. Vielleicht es könnte auch in finf Jahren sein! *Wegwerfend.* Ich habe satt das ganze Handel! – Überhaupt – vun gestern zu heit ich bin gekummen zu Eich – ich hab mich lassen festmachen auf manche Tage – vielleicht ich werde vun heit zu morgen – Ach, was weiß ich! – Mach was Du willst! Sage Vatter und Mutter – oder sage nicht Vatter und Mutter! Und so wird gut sein auf eine oder andere Weise! *Im Begriff zu gehen.*
BREITE. Aber ich wiß schun, ich wiß schun, daß D'r blußig das mit'n Vater im Kuppe steckt! Und Du ock Denn' stulza Gedanka – immer ock Denn' stulza Gedanka nachgihst, die D'r Tag und Nacht keene Ruh meh' lo'n!
JOSEPH *spöttisch lachend, abgehend.* Stulze Gedanken – und armer Teifel! armer Teifel! nichts weiter, als armer Teifel! I – was?
BREITE *weinend.* Du bist ebens gar nee asu gut zu mir, wie ich's ha'n wihl. Das sah ich immer meh'. Suste würdst De doch jitzund nee furtlaufa –
JOSEPH *ist langsam zurückgekommen und hat den Eimer abgestellt.* Breite! Breite! *Er versucht Breites Kopf mit beiden Händen aufzurichten.* Du Trutzkupp – Du Trutzkupp –
BREITE *weinend dazwischenredend.* – – und m'r lieber amol nahnde kumma –
JOSEPH *scherzhaft ihren Blick suchend und ihr drohend.* Ich kumme, ich kumme –! Ich weiß doch, was Du bist fir gutes, liebes Mädel!
BREITE *noch nicht beruhigt, im alten Ton.* – – a kenn' Vater denka und keene Mutter denka – *Man hört vom Kuhstalle her sprechen. Hastig.* Jeses, die kumma! die kumma! *Joseph ergreift den Eimer. Breite hastig freundlich Joseph bis zur Thür begleitend.* Mir kinn' ju au geruhig zum Tanze gihn, Joseph! ock Du und ich z'samma! Das andere is mir egal.
JOSEPH *belustigt.* Nun aber sicher! Nun aber sicher! *Ab.*

Sechste Szene

In diesem Augenblick kommt der Bauer geschäftig vom Viehstall her und geht zum Wandschränkchen. Dahinter kommen behaglich die Bäuerin und der Viehhändler.

BÄUERIN *beim Eintreten.* Immer kumm, kumm, Blumig! Bis d'r Man 's Geld sicht, kanst De gut noch an Augablick sitza. *Sie wischt einen Stuhl mit der Schürze ab.*

VIEHHÄNDLER *lustig.* Nee nee, Beate, ich war mich nee erscht gruß satza.

BREITE *hat sich zum Gehen bereit gemacht.*

BAUER *der im Wandschränkchen kramt, zur Breite.* Kimm'r Dich im de Schweindla, Madel, daß se bahle was zu frassa kriega.

BREITE *ab.*

VIEHHÄNDLER *mit einem Seitenblick auf den Bauer.* Ich war mich nee erscht gruß satza, Beate, d'r Man is m'r zu biese *Wobei er die Bäuerin pfiffig anlacht.*

BAUER *sich mit voller Hand das Stoppelkinn kratzend und den Viehhändler mit blinzelnder Grimasse prüfend.* Ju ju, gih Du, gih! Du kanst ju ei d'r Bethausschenke glei wieder vergeuda, im was De de Leute asu a Tag iber beschissa hust.

BÄUERIN. Nee Man!

BLUMIG *lacht die Bäuerin an.*

BAUER *noch immer mit demselben Ausdruck.* Ich wiß iberhaupt gar nee, Blumig, ich simm'lier und simm'lier immerfurt. Dir hot wull hie wieder amol d'r Teifel gar a grußes Ei gelä't, daß De au ock immerfurt ei Dich nei zu lacha und zu grinsa hust.

VIEHHÄNDLER *stutzig und ablenkend.* Ich? – Nee, wißt De, Beate, ich muß schun sahn, daß ich lieber bahle ei a Kretscham kumme und menn' Schwarm ei Ruhe brenge. – 's is mit dam klenn' Zeuge –

BÄUERIN. Ich gleeb's, ich gleeb's!

VIEHHÄNDLER *mit gemachter Entrüstung.* Ich lache? Nee, was werscht ock Du D'r noch alles ei'bilda, Gotlieb! *Da der Bauer sich im Rechnen und Zählen nicht stören läßt, spricht der Viehhändler weiter.* Was sichst De denn, Gotlieb! 's wär ju iberhaupt gar ni asu ängstlich mit'n Zahlen.

BÄUERIN. Du wißt ju, wie genau der Man is, Blumig. Was nimmeh' seine is, das hot'r au nimmeh' gerne lange ei a Hända.

VIEHHÄNDLER. Ju ju ju ju! Das kennt ma' vo'n! Das ehrt ma'. *Zum Bauern gewandt.* 's is eemol nee andersch uf d'r Welt, Gotlieb. 's muß halt alles immer a wing furtketteln.

BAUER *höhnisch, indem er das Schränkchen schließt und an den Tisch kommt.* Ju ju! – Das kennt ma' – vo' Dir au. – Wie Adam und Eva noch alleene warn, da war inse Arde a Paradies. Nu sein'r asu viele 'wor'n. Nu sitza se alle immer meh' uf enn' Haufa und ha'n ock blußig noch zu simm'lieren, wie se sull'n am Mitmensche de Thaler aus a Zahn' reißa. Zeit, a was zu gleeba, ha'n se nee. Se gleeba a kenn' Gott! – Se gleeba a kenn' Teifel. A kene guda Werke erscht recht nee. Nihm Du jitzunder ock Dei' Geld – und dann furt – *Er beginnt harte Thaler aufzuzählen.*

VIEHHÄNDLER. Was bist D'n asu biese, Gotlieb? Ich gleebe, bildst D'r gar noch ei, daß ich's Geschäft mache.

BAUER *mit Zählen innehaltend und den Viehhändler wieder mit derselben Grimasse betrachtend.* Nee, nee, das gleeb ich, das gleeb ich. Du machst kee's! – Du kaust Dich ju au derentwegen gar ni meh' hal'n vur lacha. *Er zählt weiter auf.*

BÄUERIN. Nee Man, luß a ock lacha.

VIEHHÄNDLER. Lach ich denn iber Dich?

BAUER *wieder mit Zählen inne haltend.* Das mecht ich Dir au nee gerota ha'n. Aber iber was Gudes lachst De nee; Deine Auga finkeln ju ock asu. *Er überzählt das Geld.*

VIEHHÄNDLER *will nachzählen.*

BAUER. Nee nee, luß ock's Geld liega! 's fahlt noch enner. *Ganz arglos.* Mutter, ich ha' D'r doch zu Mittige an Thaler gega'n. Lä' da Thaler noch zu.

BÄUERIN *in Verlegenheit.* Mir?

BAUER. Dir! – freilich Dir! Wam denn suste. Lä' da Thaler noch zu. – Ich ha' ock noch zwanzig. Ich ga' D'r'n morne wieder.

BÄUERIN *sucht verlegen in ihrer Tasche.* Nu Jeses! – da Thaler –!

BAUER. Du mußt doch da Thaler noch ha'n!

BÄUERIN. Da Thaler? – ich muß mich amol – an Thaler? – ha' ich etwa nach was? – freilich, ich ha' doch nach was geschickt!

BAUER. Du hättst nach was geschickt! – Nach was denn?
VIEHHÄNDLER. 's kimmt ju nee uf an harten Thaler a, Beate, gieb m'r ock klee Geld.
BÄUERIN. Nu ebens! Ich kan D'r ju au Bihma ga'n.
BAUER. Asu! – Du könntst'n au Bihma ga'n! – Erscht wihl ich wissa, wu De da Thaler hust, Weib! – Erscht schaffst De m'r da Thaler herzu! – Verstiehst De mich! *Er rafft plötzlich das Geld wieder zusammen.*
VIEHHÄNDLER. Luß ock derweile 's Geld liega, Gotlieb.
BAUER. Erscht schaffst De m'r da Thaler herzu – Weib! Glei uf d'r Stelle! – Du lachst ju gar nimmeh', Viehhändler! Wie kimmt denn das?
VIEHHÄNDLER. Ich? – Da kinnt ma' werklich lacha! 's is wuhr!
BÄUERIN. Au noch! – Als wenn's grade uf an harten Thaler a'käm! –
BAUER. Mutter! – Nu schaff mir uf d'r Stelle da Thaler herzu! – Das sa' ich Dir ei Guden!
BÄUERIN. Ich ha' halt kenn Thaler, luß mich ei Friede!
BAUER. Aha! Du hust kenn' Thaler! – Und ich ha' D'r doch ebens erscht vorhie an Thaler gega'n!
BÄUERIN. Ich ha'n ebens schun ausgega'n! –
BAUER. Asu – Du hust a werklich schun ausgega'n! – Sa' m'r ock blußig fir was?
VIEHHÄNDLER. Wenn Ihr Euch asu zanka wullt, da gih ich menner Wege.
BAUER *schreit*. Ju Ju, gih! gih! – Also asu is das Ding, Weib. Nu war ich Dir'sch amol sa'n! – *Ich* zahlte dam erzbetrogna Viehhändler eenundzwanzig Thaler – und hinger'm Ricka hust Du'n underdessa noch an harten Thaler ei a Hals geschmissa!
BÄUERIN. Ich? – Ich?
VIEHHÄNDLER. Mir hätta se noch an harten Thaler ei a Hals geschmissa? Ich möcht ock wissa, war?
BAUER *noch unterdrückt aufkochend.* Himmlischer Vater! – Himmlischer Vater!
BÄUERIN. O Jes! Jes! – Vater –
BAUER. Hie sein Betriger im mich! Hie sein Betriger im mich. –
VIEHHÄNDLER *der bis zur Thür retiriert ist und sie aufgestoßen hat.* Nee ich bitt Dich! Thu ock amol recht verwerrt.

BAUER *den die Bäuerin am Arme festhält, schreit.* Nu is alle! – Pfui – pfui – pfui –! Das is ju an Teifelswelt. Unter Hunderta is au ni enner, der a gudes Gewissa hot!
VIEHHÄNDLER *schreit mit Galgenhumor, während er sich im Hause den Hut aufsetzt, zur Thür herein.* Hahaha –! Wegen dam Gewissa Gotlieb – werscht Du D'r wull au de Thaler nahma, wu se kriega kanst. – *Er verschwindet eilig nach dem Hofe zu.*
BREITE *ist hereingeeilt.*
BAUER *will ihm nachstürzen. Frau und Tochter halten ihn.* Was? – Was? – Du bieser Teifelsschelm? Ich wihl Dich doch – ich wihl Dich doch aber a' de Wand drucka – a' de Wand drucka, daß De glei' ei alle Sticke gihst wie a elender Scherba.
BREITE UND BÄUERIN *suchen ihn zurückzuhalten.*
BREITE. Vater – Vater – mach doch nee a Unglick.
BAUER *stehen bleibend, stöhnend.* Und das is alles, was ich d'rheeme zu erwarta ha'? – Ma' is seines Lebens nee sicher! Ma' is seines Lebens nimmeh' sicher, daß nee Frau und Kinder au betriga! *Tine guckt neugierig aus der Viehstallthür.* Da wihl ich doch die ganze – da wihl ich doch glei' die ganze elende Kaluppe zusamma schla'n. *Er hat einen Schemel ergriffen, den er auf die Erde stampft, daß er in Stücke kracht.*
BREITE *versucht ihn zu halten.* Vater! Mach doch nee a Unglick! Mach doch nee a Unglick.
BAUER. Luß mich! luß mich! *Er reißt sich los.* Betriger seid'r alle! Betriger seid'r alle. Hahahaha! Vur senn' eegna Leuta is ma nimmeh' sicher. Pfui Teifel! Pfui Teifel! *Ernst und Joseph erscheinen in der Thür.* Joseph! – Joseph! *Er zieht Joseph hinaus.* Hau se naus, Joseph! hau se naus. Mir gehiern die Schweindla nimmeh'. *Er ist schon draußen. Man hört noch.* Mach a Schweinstall uf! *Dann verklingend.* Hau se naus! *Mutter und Breite sind ihnen hastig gefolgt.*

Siebente Szene

Tine eilt gespannt ans Fenster. Ernst tritt lässig neben sie.

TINE. Saht ock! saht ock, wie Blumig mit senn' Schwarme eim Durfe nunder abzieht. Oh Jeses, Jeses! dar hot's Laufa gekriegt. Aber dar zieht Leine. Was hot's d'n? Was gab's dn?

ERNST *hohnlachend.* Sihst'n! Sihst'n! – A Joseph muß'r d'rzune ha'n d'r Vater –! freilich, freilich! *Man hört des Bauern Stimme gedämpft dazwischen:* »Mir gehiern se nimmeh'! Mir gehiern se nimmeh'!«. Immer dräng' Dich ei! Aber Gnade Got! wenn ich Dich nu' amol ei de Mache kriege! Perschla! Ich wiß nee, was passiert!
TINE *einschmeichelnd ihn stoßend.* Werscht doch nee asu sein, Ernstla.
ERNST *umfaßt und drückt sie plötzlich.*
BREITE *eilt hastig herein.* Ha't'r nischt Verninftigeres zu thun, als rim zu kindscha! Was? Tine! Mach, daß 's zu was werd. Mach a Tisch zurechte.
TINE *im Weiteren geschäftig hin und her.*
ERNST *noch am Fenster.* Nu is d'r Viehhändler längst eim Durfe nunder, nu ja't dar ahle Zigeuner- Kerl die neuen Schweindla uf de Straße. *Er nimmt ein Handbecken unter der Ofenbank hervor und füllt sich Wasser ein.* Nu war ich mich wenigstens a wing reenlich macha – und dann *Lacht Tine zu.* heeßt's tanza gihn! Verstiehste De, Tindla! Die Bihmscha sein ju gekumma.
DIE BÄUERIN *ist unterdessen hereingeeilt.* Nu ja't'r noch die wuschbernen Dingerla uf de Straße. *Am Herd hantierend, vorwurfsvoll.* Das is aber, weil die Leute da Man au immerfurt schinda und ploga – au immerfurt schinda und ploga! Zuletzte werd'r asu biese! Zuletzte muß'r ju asu biese war'n. Ich wöllt ju insen Herrgott uf Knieen danka –
BREITE *verstohlen warnend.* Mutter! d'r Vater kimmt.
BAUER *von Joseph gefolgt, tritt ein. Alles verstummt.*
JOSEPH *scharf und sicher.* Hahaha –! der Satan! der Satan! – Das ist mechanter Satan das – alter Blumig! Was ging sich vur, Herr? Was ging sich vur, Herr? – Der wird wissen, daß Thaler zuguterletzt immer in seine Tasche klimpern. Hahaha!

Beide nehmen am Tische Platz.

BÄUERIN *mit verhaltenem Ärger.* Sterz de Kartuffeln, Madel!

Der Vorhang fällt.

Zweiter Akt

Personen

Die alte Schindlern, Harfenweib.

Joseph Schindler, Sohn.

's böhmische Franzel, junge Harfnerin.

Blumig.

Hermann Huhndorf,
Gustav Kretschmer,
Heinrich Hildebrandt, , Bauern.

Gottlieb Ephraim

Breite Ephraim.

Ernst Ephraim.

Glumm, Wirt.

Pauline Glumm, Wirtin.

Zwei Arbeiter.

Die Zottelbeckern, Armenhäuslerin.

Bauernmädchen, darunter Tine.

Bauernburschen

Große Wirtsstube in Glumms Kretscham.
Derselbe Abend wie im ersten Akt.

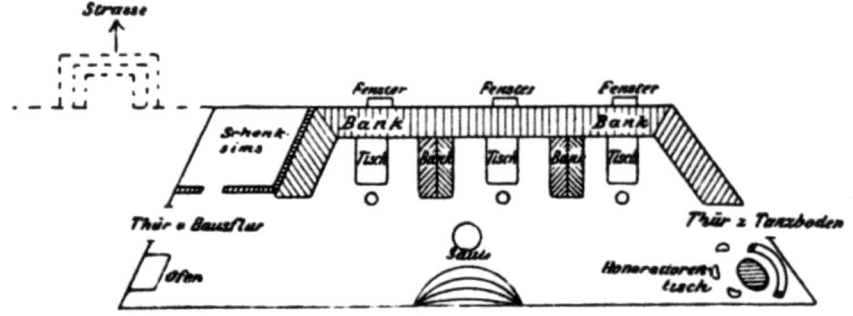

Am Honoratiorentisch sitzen Bauer Huhndorf und Bauer Kretschmer. Zwei Arbeiter, die an einem der mittleren Schenktische gesessen haben, sind im Aufbrechen. Die Zottelbeckern in der Nähe des Schenksimses, wo sie der Wirt eben bedient hat. Vom geschlossenen Tanzboden her schwach Harfen- und Fidelmusik.

Erste Szene

BECKERN *das Harfenklimpern nachäffend.* Bim – bim – bim – bim! Bim – bim – bim – bim! freilich, freilich, das ahle Harfaweib, de Schindlern, mit dam bimscha junga Dinge, die derfa ock amol de Harfe schla'n –.
WIRTIN *mit leeren Gläsern aus dem Tanzsaal. Man hört die Musik lauter.*
KRETSCHMER. Nu nu! das giht wull schun huch har, Pauline? Was?
WIRTIN *ohne Aufenthalt.* Freilich, freilich, wenn au grade noch dar Schweinehändler d'rzune kimmt, da werd's wull nee andersch sein!
DORFBURSCHEN UND DORFMÄDCHEN *gehen mit »'n Obend« nach dem Tanzsaal.*
HUHNDORF. Die junga Kerle kumma doch gelaufa –
BECKERN. Bim – bim – bim – bim! Bim – bim – bim – bim! Da fanga freilich glei' die Pauerbeendla a' zu zappeln –
DIE BEIDEN ARBEITER *abgehend.* Kumm ock mite, Beckern!
BECKERN *ohne sich zu rühren.* Bim – bim – bi – bim! Bim – bim – bim – bim!
WIRTIN *im Schenksims resolut.* Was stiht das Weib sticke noch? Man, fihr sche naus. Ich leid's eemol nee!

BECKERN. Was bihn ich? Was bihn ich?

WIRT. Nu mach mich nee erscht biese, Beckern!

DIE ARBEITER. Kumm ock mite, Beckern! Kumm! *Einer faßt sie an.*

BECKERN *während sie mit den Arbeitern abgeht.* Und wenn au dar Suhn vo' dam Harfaweibe beim grißta Pauer eim Durfe Knecht is – *Die Bauern lachen.* und die Ahle de Nase wer wiß wie huch *Die Thür hat sich hinter ihnen geschlossen.*

Zweite Szene

Blumig mit der alten Schindlern kommen aus dem Tanzsaal. Dahinter Franzel und einige Bauernburschen die gleich ans Schenksims treten. Ein paar Mädchenköpfe stecken sich neugierig einen Augenblick zur Thür herein. Die alte Schindlern ist ein dunkelfarbiges, kohlenäugiges, älteres Weib, etwas schlumpig komödiantenhaft gekleidet. Franzel ist jung, schlank, von dunkelblassem Typus, mit kohlschwarzem, gezausten Haar, ebenfalls etwas theatralisch in ihrer Tracht.

BLUMIG *beim Eintreten laut und selbstgefällig.* Nu ha'n mir amol a Ding gemacht ei dam grußen Saale – was, Franzel? Nu ha'n mir Dorscht gekriegt. – 'n Obend, Hermann! Du machst ju su a pfiffiges Gesichte. Du gleebst's wull nee?

SCHINDLERN *lässig zu Huhndorf tretend.* Guten Abend, Hermann. Bist Du auch da! Was geht die Zeit! was geht die Zeit!

HUHNDORF. 'n Obend, Schindlern! – *Zu Blumig.* Nee, das is au werklich nee zu gleeba, Blumig! Du kanst ju ei Denn' Juhren noch rimflankieren wie a junger Bok.

SCHINDLERN *sich an den Tisch setzend.* Faules Geschäft uben, faules Geschäft, Hermann. Kummen und Gihn, Kummen und Gihn! Su Baude ist richtig wie Taubenschlag. Und keine Mensch hat Geld in Tasche. Was haben wir Ringer blutig geschlagen, von früh an bis in tiefe Nacht hinein – mein Jeses, was hat man?!

FRANZEL *ist achtlos an den mittleren, leeren Schenktisch getreten und hat einen Blick in ein Zeitungsblatt geworfen, gelangweilt.* Du, Frau Glumm! Was sull man thun mit die alte Männer, wenn Juseph nix kummt!

BLUMIG. Nee, kimm'r Dich ock nee im die ahla Gotha! Wenn au die vo' Gotlieba nee kumma! *Zur Wirtin, die Bier einschenkt.* Harr amol, Pauline! *Er tritt an's Schenksims.* Harr amol mit d'n Biere. Mir wull'n doch lieber glei' an Flasche stechen, Schindlern, was? *Zu den Umstehenden, wie die Schindlern sich in ihrem leisen Gespräch mit Kretschmer nicht stören läßt.* Wenn die vo' Josepha redt, hiert se nee.

SCHINDLERN *ganz nebensächlich.* Gieb was da ist!

HUHNDORF *zu Franzel.* Ich gleebe, Franzel, dar Viehhändler kimmt sich heute vir wie a Jingerla vo' Zwanzigen! Kanst's gleeba.

Die Wirtin trägt Wein an den Tisch.

FRANZEL *gleichgültig.* Aber mir kummt sich nix vur wie Jinger vun Zwanzig! – Was, Viehhändler! Das wär su was! – Mußt nämlich wissen, Hermann, is sich Blumig heite nobel! Hat sich gruße Ephraim Fell iber Ohr gezogen, nun macht er sich Spaß mit die Harfenleit. *Alle lachen. Sie kommt an den Tisch.*

BLUMIG *der die Gläser vollschenkt.* Nee, Franzel, wenn De glei asu sein willst.

KRETSCHMER *lächerlich.* Nee, das muß wuhr sein, Franzel. Das muß wuhr sein. *Die Burschen lachen unter einander.*

HUHNDORF *ernst.* Sa' m'r ock iberhaupt, Schweinehändler, Du hust wull mit Gotlieba was geha't?

KRETSCHMER *verschmitzt lachend.* Er verfuhrte ju heute Obend an Augablick an furchtbaren Lärm.

BLUMIG *noch immer einschenkend.* Was werd's d'n geha't ha'n? Was a sei'm Weibe uf a Puckel brenn' wihl, das sullt ich kriega. *Er erhebt sein Glas.* Ach was! Asu jung wie heute kumma wir nimmeh' zusamma! Zur Gesundheet, Franzel! Zur Gesundheet, Schindlern! *Alle thun lässig Bescheid.* Mir wer'n ins jitzund im da groba Gotlieb kimmern! Nee, fangt m'r ock vo' Gotlieb a'!

SCHINDLERN. Blumig! Das is sich alles das Weib. Das is sich alles das Weib. Mir is sich heite auch kummen mit Grubheit und Huchmut! Ach was! – Ich habe meine Suhn aus Leib und Blute geburn, grade su gut wie die Reiche. Und wenn ich auch nur bin armes Harfenweib.

FRANZEL *am Tische.* Was sull ich nur machen mit die alte Männer, wenn Juseph nix kummt! *Schroff.* Ach was, Schindler! luß Ephraims Leit'!
SCHINDLERN. Was luß? Habe ich nicht meine Suhn zur Arbeit gezogen, Hermann? – Meine Juseph? Is das wahr, Hermann, oder is sich gelogen?
HUHNDORF. Nee, nee, da kann ma' nischte sa'n.
BLUMIG. Nu freilich! das is asu wuhr, Schindlern.
SCHINDLERN. Nun also, was verachtet das Weib meine Suhn? Was verachtet das Weib meine Suhn?
FRANZEL *ausgelassen zu Kretschmer.* Gustav, was sull ich machen mit Dich Struhkupp? sag'! – küssen – das wär' Dich recht, aber mich nicht! und balgen – das wär' mich recht, aber Dich nicht. Und singen – kannst Du nicht, daß ich zuhöre! – und mich vom Uchs und Kalb unterhalten – kann ich nicht! – Gieb Wirfel, Frau Glumm! *Sie ist aufgestanden und setzt sich plötzlich auf Huhndorfs Knie. Während sie ihn streichelt.* Aber Dich, Hermann, ich hab' immer su gern gehabt! – *Mit Geste zu Frau Glumm, noch einmal.* Gieb' Wirfel, gieb Wirfel!
KRETSCHMER. Ach wuhar ock! da bihn ich nee mite. Im was söllt's d'n gihn?
FRANZEL. Um Deine gruße Kartuffeln, Gustav! Du Geizhals! – Um Flasche! Um Flasche!
KRETSCHMER. Die kan doch weeß Gott d'r Viehhändler zahlen, dar se bestellt hot!

Die Wirthin giebt Franzel Würfel.

FRANZEL. Was! Ich werde zahlen, wenn ich verlier'! – Schmeiß, schmeiß, Hermann!
HUHNDORF *die Würfel bereit in der Hand haltend.* Ach – sei kee Spielverderber, Gustav! Immer lus! Ock de Paurfenster gelta! War de meesta hot, zahlt! *Er wirft aus. Alle sehen gespannt zu. Auch der Wirt ist hinzugetreten. Es geht reihum, wobei Zahlen genannt werden.*
KRETSCHMER *würfelnd.* Meinetwegen au!
BLUMIG. Werscht Unglick ha'n, Gustav!
FRANZEL *als letzte würfelnd.* Hahaha! Gustav! *Sie ist aufgesprungen und schlägt vor ihm in die Hände.* Gustav! *Mit Geste auf Blumig.*

Der thut nobel, der will trinken, und Du mußt zahlen! Wie thut mich leid! Wie thut mich leid! *Alle lachen.*

Dritte Szene

BAUER HILDEBRANDT *ein vierschrötiger Grobian, kommt vom Hause herein.* Da treiba sich a drei, vier Schweindla uf d'r Durfstraße rim. Was is d'n das f'r an Zucht! –
BLUMIG *aus der Rolle fallend.* O, miega se sich rimtreiba, wu se wull'n! Gotlieb hot m'r sche eemol abgekeeft. Ich hul se nimmeh'.
FRANZEL *Kretschmer am Rocke reißend.* Gustav! – Gustav! Was siehst Du hinter die Viehhändler- Augen, Gustav?
HILDEBRANDT *schreit lachend.* A schandfleckiger Spitzbube steckt d'rhinger, ich war'sch Euch glei' uffa sa'n! freilich, freilich, wenn amol die grußa Händler uf inse klenn' Derferla kumma, da missa de Fläschla springa.
KRETSCHMER. Nee nee! ma söllt werklich au amol a'fanga, Heinrich.
FRANZEL *giebt ihm einen Backenklaps.* Ach Du! Du bist Dummer! Hinter die Viehhändler-Augen is sich geschrieben – *Sie demonstriert gegen Blumig und die Bauern.* Bauer! Du bist Dummer! *Alle lachen.*
HILDEBRANDT *ohne acht auf Franzels Späße.* Mit su 'm Schweinehändler is iberhaupt nee gut Kerscha assa. Mit dam wiß ma' niemals ur'ntlich, war vo zween sohl d'r Tumme sein.
BLUMIG *dazwischenredend.* Ich wiß iberhaupt gar nee, warum De glei' asu'n Lärm machst! Ha' ich mit Dir was geha't? –
HUHNDORF. Nee, fangt ock nee a' zu streita – Ihr Beeda! Insertwegen kan doch Gotlieb mit Blumiga ha'n, was 'r wihl. –
KRETSCHMER. Mit Gotlieba die Sache is grade au asu –
HILDEBRANDT *schreiend.* Asu a Händler hot a Fuchs hinga – und a Fuchs vurne!
FRANZEL *reißt ihn.* Du! – Heinrich! – Heinrich!
HILDEBRANDT. Nu was hot's?
FRANZEL. Jesus und Maria – sullst bluß nich su schreien! kriegt man Schmerzkupp, große Schmerzkupp, ich sage.
HILDEBRANDT. Ach! Du werscht's wull noch aushal'n kinn'n. Asu zimperlich is hie nee! *Achtlos weiterschreiend.* Das sa' ich. Da kumma die grußa Händler uf inse klenn' Derferla –

FRANZEL *dem eintretenden Joseph zurufend.* Juseph! bring Hilfe, bring Hilfe! die alte Männer kämpfen.

BLUMIG. Wenn mir zwee amol was ha'n söllta – Du brauchst D'r ju das Ding mit Gotlieba blußig amol zu iberlä'n –

SCHINDLERN *mischt sich laut hinein.* Blumig! Blumig! Das ist alles das Weib! Das ist sich alles das Weib! Aber frage meine Juseph um Gotlieb. Juseph! sag, sag!

JOSEPH *gleichmütig.* Was? was weiß ich! bitte! Was hab ich iberhaupt fir Leben bei Gotlieb? bitte, Mutter! Ich habe immerfurt Arbeit. Das ist wahr! – Nun – was weiter? – Ich thue Arbeit – und wenn schlimmste Arbeit zu thun ist, wer ist gut? Juseph muß kummen! bitte, was weiter?! Er ist Herr – und er wird Herr sein! und ich – werde Knecht sein, – das ist alles!

HILDEBRANDT *schreit weiter.* Uf Gotlieba luß ich iberhaupt nischte kumma. Dar hot sei bißla Verstand und Gemite grade, wu's hiegehiert. Wenn enner amol ei Nut is – zu Gotlieba kan'r kumma!

BLUMIG. Mit dar Nut, das wiß ich nee! Ich war zu Gotlieba nee kumma. –

JOSEPH *schlägt auf den Tisch, indem er Blumig und dann Hildebrandt eine ausgelassene Grimasse schneidet.* Blumig, Heinrich! was sull heißen? Um was giht Spiel? Um was giht Streit? Kumm ich hierher um mit Eich zu streiten, Heinrich? oder sull ich mit Eich spielen und trinken? – Was? –

HILDEBRANDT. Ach gih ock Du mit Denn' Fisematenta!

JOSEPH *lachend.* Du bist rut wie Krebs, Heinrich! Und Blumig, ich dächte, Blumig, Du hust heite schun erlebt, wie Bauer sein kann! was? Oder hust Du Geschichte mit Gotlieb schun vergessen?

FRANZEL. Was sull iberhaupt heißen, Juseph, daß Du mich läßt ganzen Abend allein unter die alte, zankende Männer?!

JOSEPH *kühl.* Nun Bauer war wütend. Ging sich alles im Hause Hals iber Kupp. Nun hat er sich vur Ärger ins Bett gelegt. – Wenn Du wirst weiter wüten, Heinrich, Du wirst Dich zuletzt auch müssen ins Bett legen vur Ärger.

EINIGE *rufen zur Saalthür herein.* Musicke! Wu bleit de Musicke!

FRANZEL *psalmodiert.* »Um eine Kuß von meine Mund, sehnt sich das ganze deitsche Bund!« *Ernst geht zum Tanzsaal durch. Dahinter mit scheuem Blick nach dem Honoratiorentisch Breite.* Wenn ich Dich habe, meine Juseph, – Schmeiß, schmeiß, Juseph! Wer gewinnt

muß sterben! Wenn ich Dich habe, meine Juseph, ich kann leben oder sterben. Es gilt mich ganz gleich.
JOSEPH *gleichgültig.* Ach was! Ich habe iberhaupt keine Neigung zu sitzen und spielen, Verstehst Du! Kummt tanzen!
EINIGE *aus dem Saal rufen wieder.* Musicke! Wu blei't de Musicke!
SCHINDLERN *erhebt sich resolut.* Mach zurecht, Franzel, is auch *noch* Pause genug.
FRANZEL *lauernd leidenschaftlich zu Joseph.* Su, jitzt auf einmal?! – Was? – Was is sich das? Ich werde anstreichen Dich, Juseph, wenn Du willst –
JOSEPH *geht gegen den Tanzsaal.*
FRANZEL *ihn bettelnd haltend.* Juseph! Juseph! *Plötzlich zornig loslassend.* Ich habe kein Nattergift gegessen, aber das kann man auch ohne aus Deine Augen sehen, was vurgeht!
SCHINDLERN *plötzlich hart zu Franzel.* Franzel, sprich kein Wurt! Du wirst sunst haben mit mich zu thun! *Gütig zu den Bauern.* Nehmt nicht ungitig Ihr Herren, Geschäft ist Geschäft! *Schindlern und Joseph ab.*
FRANZEL *folgt unschlüssig, indem sie zurücklacht.* Nämlich, Hermann, hahaha – Du mußt nämlich wissen, Schindlersuhn sull sich durchaus Gut heiraten! hahahaha! Kupplerweib! Kupplerweib! *Ebenfalls ab.*
BLUMIG *ist aufgestanden, unschlüssig.* Da kummt ock mite, Ihr Leute!
KRETSCHMER *ohne noch Blumig zu beachten.* Ach wuhar ock! Zahlen!
BLUMIG. Was seid'r d'n asu biese, Ihr Karle? *Zu Glumm, der herangetreten ist.* Schick amol a Friedrich naus, daß 'r de klenn' Schweindla ei a Stall brengt. Se wer'n nee weit sein *Die Bauern haben sich erhoben.* Aber ich kan Euch getroste sa'n, wenn's nee Feierobend war, – daß ich mit menn' Schwarme ei Ruhe wullte, ich hätt doch Gotlieba gar nee erscht an sulchen Preis gemacht.
HILDEBRANDT. Ju ju ju ju. Wenn Du's sa'st und 's is wuhr, da gleeb ich's. Gih ock!
BLUMIG *achselzuckend, mit Grimasse.* Gih ock! *Ab in den Tanzsaal.*
KRETSCHMER. 's is eemol asu! De Händler und de Weiber, ma is immer hinger de Fichte gefuhrt.
WIRT *der sie dienstfertig hinausbegleitet, lachend.* Schloft gesund, Ihr Herren!
DIE BAUERN *gehen hintereinander gemächlich ab.*

Vierte Szene

Im nächsten Augenblick wird die Thür aufgerissen und Franzel erscheint gefolgt von Blumig und Ernst, die im Streit sind.

ERNST *schreit heftig.* Du hust gar nischt hie zu sicha! – Du hust gar nischt hie zu sicha! Du hust Dich gar ni hie mausig zu macha! Das sa' ich Dir! Hul Du D'r mennerwegen die ahle Zottelbeckern zum Tanze, asu viel, wie De willst.
BLUMIG. Asu a Ritzlich!
ERNST *will Franzel halten.* Nee, bis ock nee asu, Franzel. Was giht Dich denn iberhaupt dar fremde Man a'!
FRANZEL *wild.* A –! – und was giht mich junger Bauer an? Sag!
BLUMIG. Ich gleebe, das Jingerle wihl sich ufspiel'n! – Was, Franzel? Kumm, Franzel! Mir tanza!
FRANZEL *ist sichtlich verstimmt in die Mitte des Schenkzimmers getreten.* Du, Frau Glumm! Is sich schun Mitternacht durch!

Einige Paare, darunter Tine, sind nachgedrängt.

BLUMIG *gegen Ernst, der ihn von oben bis unten mißt.* Ju ju! immer stier' mich a'! Ich bihn's.
JOSEPH *ist mit Breite auch erschienen und drängt sich durch.*
BREITE *in der Thür ängstlich zurückstehend.* Joseph!
JOSEPH *finster, hastig.* Blumig? Blumig? Um was giht Streit? – Um was giht Streit?
FRANZEL *winkt in den Saal zurück.* Schindler mach End, mach End! *Zu Joseph zornig.* Will ich mit Bauer nix tanzen! Will ich mit Viehhändler nix tanzen. Verstihst Du – Juseph! Hust Du verstanden! –

Die Musik ist einen Augenblick verstummt.

BREITE *wie vorher.* Joseph!
JOSEPH. Hahahaha! Aber mit mich Du willst tanzen! *Er hat Franzel ergriffen.* Musik weiter! weiter! *Die Musik setzt neu ein. Joseph leidenschaftlich.* Und nun tanzen wir mal, Franzel – *Während, Joseph und Franzel voran, alles, außer Breite, hinauswirbelt, Tine Ernst ergreift etc. aber das sull sich sein, als wenn Gewitter iber Durf braust. Bei diesen Worten wird die Tanzsaalthür zugeschlagen.*

Fünfte Szene

BREITE *steht eine Weile allein, dann tritt sie zur Wirtin ans Schenksims.* Ich wihl lieber heem gihn. Ich bihn hie doch nischt nutze.
WIRTIN. Madel! nee sa' m'r ock! Daß Du Dich überhaupt magst noch im Mitternacht mit dam Vulke rimtreiba!
BREITE. Wenn m'rsch ebens keene Ruh läßt, Pauline! Was sohl ich d'n macha.
WIRTIN. Was d'n keene Ruh läßt?
BREITE. Ach, ich kan's nee sa'n.
WIRTIN. Nee, Breitla! Ich muß mich doch iber Dich zu sihr wundern.
BREITE. Sa' m'r nee erscht was, Pauline! Ich gleeb's doch nee, was De sa'st!
WIRTIN. Da war ich au nee erscht gruß was sa'n, Breite. Aber wenn ma' sich 's asu virstellt –
BREITE. Wenn ich ock a Bißla seine Schritte hier, Pauline, ich bihn asu hiegenumma. Was sohl ich d'n macha? Ihr wißt's eben gar nee, wie gut a is.
WIRTIN. Ju ju, gut mag 'r ju sein. Er kan enn' ju au gut unterhalta. Das wihl ich ju nee sa'n. Aber Jeses, Jeses! 's is doch zu a leichte Vulk!
BREITE. Ju ju, asu verleumda se'n. Jede verleumd' a ock d'r andern, daß 'n mechte fir sich alleene ha'n. Aber das kimmt blußig, weil ich niemals kenn' Mut geha't ha'. Weil ich's niemals ha' gewagt 'm Vater zu sa'n. Joseph muß ju zuletzte denka, ich wöllt an' ock immerfurt hingarim mit'n spiel'n. Nu sa' ich's 'm Vater. Das wöllt ich amol sahn, ob mir das Harfamensch werd menn' Joseph – *Sie trocknet sich plötzlich die Augen.* Pauline, 's tappt noch ee's eim Hause.
WIRTIN. Jeses, dar find't de Thüre nee! Hot d'n d'r Man schun ausgelöscht? *Breite eilt in Tanzsaal zurück. Wirtin geht zur Thür und öffnet.* War is d'n noch hie?

Sechste Szene

WIRTIN. Nee, Gotlieb! nee Jeses! Wu kimmst Du d'n noch har?
BAUER Ephraim tritt ins Zimmer. Nu ju ju! Ich kumme au noch. Gieb m'r ock noch an klenn' Korn. Du bist ju ur'ntlich derschrucka.
WIRTIN. Nee sa' m'r ock! Ich bihn werklich a wing derschrucka! Ich duchte, Du liegst lange eim Bette! 's is ju Mitternacht durch.
BAUER. Ich hatte mich aus Wut iber da tumma Händler ei's Bette gelä't. Nu fiel mir alles mögliche ei – und ich hierte au die Musike vo' Euch immer furt. *Die Wirtin zeigt eine gewisse Unruhe.* Da bin ich wieder ufgestanda –. Das giht ju gar lustig zu bei Euch, uf eemol wu das liederliche Harfavulk ei's Durf rei' is!
WIRTIN. Ich wiß doch gar ni, wu d'r Man is. *Sie sieht ins Haus und ruft.* Glumm! Glumm!
BAUER. 'r werd wull hie dinne bei da Springern sein. Du meins, Du Du! Man hot an Last zu tra'n!
WIRTIN. Nee nee, durt dinne is 'r nee. 'r ging hienaus. – Nee, sa' mir ock, Gotlieb, kimmt mir'sch ock asu fir. Du bist schun lange immer asu – nu wie sohl ich denn glei sa'n?
BAUER. Ich wiß schun! Ich wiß schun! Pauline! – Brauchst gar ni erscht nach Worta zu sicha! Mir verstihn ins schun! –
WIRTIN. Nu sa' mir ock –
BAUER. Aber ich wiß nee, Du bist au asu unruhig. Is D'r was? Sichst De was?
WIRTIN. Nee nee, 's is m'r blußig wegen 'm Mane, wu dar is? Ich gleebe immer, dar hot sich gar schun ei's Bette gelä't.
BAUER. Nu, da bleib ock Du a wing bei m'r! Was? – Ich war Dir was sa'n, liebe Pauline! – Nee Jeses. Was die aber fir an Teebs macha. War is d'n das? –
WIRTIN. War werd 's d'n gruß sein! Ju! aber Du wölltst doch noch was sa'n!
BAUER. Ei menn' Alter is ma nimmeh' gruß ufgelä't zu lacha und zu tanza. Ich bihn 'r nu sechzig! – Dar Viehhändler macht sich wull an Lust hie? – was?
WIRTIN. Ju ju – au d'r Viehhändler is derbeine.
BAUER. Nu – asuner Windhund kan getroste sechzig sein, da kimmt 'r immer noch nee zu Verstande! – Sich ock, Pauline. Mir giht die

gruße Wertschoft eim Kuppe rim! Ich bihn alt. – Se betriga mich hinga, se betriga mich vurne. Se macha mich biese wie an Kettahund. Sohl ich denn ei Wut ei's Grab sinka! Das mecht ich doch nee.

WIRTIN. Nu nee nee! Das kan Dir kenner verdenka.

BAUER. De Ahle hot das Wertschofta sat, die viele Arbeit hot se sat. – Ich mecht au wieder nee die Väterei fremda Leuta aus a Hända ga'n. Se hot a Grußvater ernährt. Se hot a Vater und de Mutter ernährt. – Warum söllte se denn nee au noch – Nu Jes! 's is ju Tummheet! – Dar Junge is nischt nutze! 's Madel –

WIRTIN *hat sich erhoben.* Nu ebens, Dei Madel –

BAUER *plötzlich auffahrend.* Was is d'n mit menn' Madel? –

WIRTIN. Nee nee, was sohl d'n mit'r sein? Sprich ock! Erzahl ock wetter!

BAUER. Ich war ni erscht gruß vo' menn' Kummer reda! Die hot doch Kenn'! Die mag doch Kenn'! – 's kumma an Neege. Die mag doch Kenn' –

WIRTIN. Nu nu! Mag se werklich Kenn'? Ich duchte –

BAUER. Was denn? – Nu was denn?

WIRTIN. Nee nee. Ich duchte ock asu – Vielleicht wär doch amol Enner –

BAUER. Hot se etwa'n gar hingerm Ricka Enn'? was?

WIRTIN. Nee nee, das wiß ich nee. Das wiß ich weiter nee. Das will ich weiter nee sa'n. – Aber Gotlieb – ich ga' Dir zu bedenka – mit junga Vulke, das is gar a eegen Ding –. Ma' kan doch –

BAUER. Nee nee, Pauline, hust recht, 's is gar ni asu leichte, mit dam junga Vulke durchzukumma!

WIRTIN. Ma' kan doch niemals wissa –

BAUER. Nee nee, 's is gar ni asu leichte! Ma' sitt's ju wieder hie. 's braucht blußig a Ding kumma wie de Franzel, da sein se d'rhinger har wie de Fliega! – Was das bluß fir a Teebs is! – Nu –meine Leute ha'n a Tag iber asu zu arbeita, daß se fruh sein, wenn se obends kinn' ei's Bette sinka! Und ich sää au nee hie, wenn nee dar Teifelsschelm vo' Blumig alles ufgewühlt hätte – d'rheeme! –

Man hört vom Tanzsaal Lärm.

Siebente Szene

Im Augenblicke, wo die Wirtin hineineilt, hört man.

ERNSTS STIMME. 's Masser – 's Masser nahm ich, wenn De mir iberall ei's Gehege kimmst! *Man hört durcheinander schreien:* »Ernst!« – »kenn' Streit, Ernst!« – »Ach!« *Lachen.* »Immer nihm a!«.
BAUER *horcht und duckt sich.*

Im nächsten Augenblick kommt ein Wirbel von Menschen nach der Gaststube. Ernst voran, den einige Burschen von Joseph abzudrängen suchen.

ERNST *schreit.* Lus sullt'r mich lo'n! Lus sullt'r mich lo'n! – ich wihl nu' amol mit dam Zigeunerkerle Abrechnung hal'n –
BAUER *schnellt empor.* Du – Du bist au hie? –
ERNST *erschrocken verstummt. Es entsteht eine rückläufige Bewegung.*
BAUER. Ich hätt' mir'sch ju denka kinn'! Ich hätt' mir'sch ju denka kinn'! Hust Dich ju zum Feierobende schun asu geschniegelt und gebiegelt –, daß Dir die Bihmscha keene Ruh wirda lo'n! *Einige andere drängen sich mehr herein.* Nischnutziges Volk is ju nu grade genung beisamma! *Stark.* Immer kummt rei'. Ihr kinnt's immer amol mite hier'n. Eure Väter sa'n 's Euch vielleichte nee asu.

Ernst, in Verlegenheit, will sich setzen.

BAUER. Stihn blei'st De! Was hust De d'n noch im Mitternacht hie zu sicha? Ich wills wissa.
ERNST *bleibt stumm.*
BAUER *tritt neben ihn.* Oder sull ich D'r druf halfa. Vielleicht fällt Dir'sch do ei?
ERNST *bleibt stumm.*
BAUER. Nu – wie werd's d'n, Muttersihnla? Wißt De's noch nee?
ERNST *trotzig.* 's schadt ju niemanda nischt.
BAUER. 's schadt ju niemanda nischt. 's schadt au niemanda nischt, wenn De a Liderjan bist –wenn De statts zu arbeita mit a Frauenzimmern rimlungerscht und au reene gar nischt kanst, als assa und schlofa und Dich mit alla Leuta rimzuschla'n! gelt? – Du! – Bist De

denn werklich gar schun madig gewor'n bis im a Stiel? – *Er ohrfeigt ihn.*
ERNST *unbeweglich.* Immer schla' zu. Ich kan's aushal'n!
BAUER. Nu hiert ock amol, hiert ock amol! 's Muttersihnla! das is's Muttersihnla! – Das kan Kummer und Surga vom Vater aushal'n, daß se au gar nischt fruchta und halfa, als Trutzigkeet und Bosheet! –
ERNST *kochend.* 's Madel! die kan macha, was se wihl, 's is gut! Und die kan breeta, was se wihl, 's is gut –
BAUER *schreit.* 's Madel! 's Madel! die macht an Sache.
ERNST *höhnisch.* 's Madel! die macht an Sache. Mit Schindler Joseph werd die schun an Sache macha! das heßt!

Einige der Zusehenden lachen.

BREITE *drängt sich vom Tanzsaal durch. Joseph ihr nach. Sie ist kreidebleich, zurücksprechend.* Ich sa's 'n. Ich sa's 'n. – Vater! Was dar Junge – *Sie kann nicht weiter reden.*
BAUER *ist in sich hineingesunken und stiert sie an. Mir schwerer Sprache.* A! – Madel! – Madel!
WIRTIN. Gotlieb – Gotlieb!
ANDERE *lachen.*
BAUER *verstört.* Pauline! – Pauline! – Gih ock – gih ock! – Ich muß doch mit menn' Madel – a Wort – reda! –

In alle kommt eine lässige Bewegung.

WIRTIN. Nu ju ju – mir war'n gihn! Gotlieb aber mach's ock glimpflich. Mach's ock hibsch glimpflich! –

Sie verschwinden langsam, von der Wirtin gedrängt.

BAUER. Mein Gott, mein Gott, Pauline, was hot's d'n gega'n?
WIRTIN *drängt Joseph mit sich fort.* Nu ju ju, Gotlieb! – *An der Thür.* Gotlieb, mach's glimpflich! Hierscht De! hierscht De!

Alle außer Bauer und Breite ab.

Achte Szene

BAUER *starrt noch immer vor sich hin.* Madel –
BREITE *unschlüssig.* Was bist'n asu biese, Vater?
BAUER *regungslos.*
BREITE. Wenn De asu biese bist, getrau ich mich doch nee uffa zu reda! – Was bist'n au asu biese?
BAUER. Hahaha –
BREITE. Ich sa' Dirsch ju, Vater, – was dar Junge sa'te –
BAUER. Madel! – Madel! – Ock überlä' Dirsch – und sprich wuhr.
BREITE. Ich wihl mit Schindler Josepha –
BAUER. Mit wan?
BREITE. Ich sa's ruhig noch amol, Vater! Schindler Joseph –
BAUER. Madel! Kumm amol har!
BREITE. Ich wiß ju längst, Vater, da 's eim Durfe dam nee paßt und dam nee paßt. Daß wiß ich ju, – daß sich au de Mutter ei'bildt, ich mößte wer wiß was heirata!
BAUER. Nu freilich, freilich! Werd *die* sichre grißta Rosin' eibilda! Nu do! hahaha –! Wu werd'n die an Menscha leida kinn', dar ihrem Muttersihnla a wing uf de Finger sitt! Nee nee, das kan ma' nee verlanga!
BREITE. Nu ebens, Vater, Du wißt's doch salber, daß Joseph a zuverlässiger Man is!
BAUER. Du! – Sprich nee zuviel! Breitla! Sprich nee zuviel. – Ma' kan sich täuscha. – A Pauersuhn is a fester. 's is a Arbeiter – d'r Joseph –! 's is a Leichtfuß, wenn's uf de Madel giht. 's is Mutterblut! Und wenn'r zahn Mol arbeita kan! Du sa'st zuverlässig – das is asu gesa't!
BREITE. Aber Vater –
BAUER *lacht vor sich hin.* Hahahaha! – Also Du willst heirata?
BREITE. Ich wihl Schindler Joseph heirata.
BAUER. Heirat Du! Immer heirat Du!
BREITE. An Man wihl ich ha'n. Die Pauerjunga mag ich eemol nee. Ich ha' bis jitze kenn' gefunda, dar mir a wing warm macha kinnte – als Josepha –
BAUER. Also das hätt'st Du D'r schun alles asu weit iberlä't?
BREITE. 's is iberhaupt wetter gar nischt meh' zu iberlä'n!

BAUER. Du hust's wull noch vo' niemanda gehurt, was de Sperlinge vo' a Dächern pfeifa, daß die ahle Schindlern ock a Joseph asu am Wege ufgelasa hot, wer wiß vo wam? An feine Gesellschaft war das grade nee.

BREITE *erregt.* Vater – wegen dam Kinderuflasa – das sein Tummheeta. Das sa' ich Dir geradezu! Was kinn' de Binder derfire, wenn sich die Eltern amol asu vergassa ha'n. Und das sa' ich Dir. Was ich bihn – das bihn ich. Und ich bihn keene vo' heute uf morne! Und wenn alle Frauvölker im Durfe dächta, heute dar und morne a andrer. Ich bihn keene vo' heute uf morne. Hie heeßt's, was is, das is. Das werd nee geändert vo' heute uf morne. Ich spreche: ich wihl ees und kee zweetes – ich nahm das und behal' das. Andersch is nee und andersch werd's nee. Und wenn sich's ganze Durf ei'bildte, 's mößte was d'rwider ha'n!

BAUER *simulierend.* Also das Harfagesindel söllt ins immermeh' eis Haus kriecha! Madel! – Madel! Bist De verruckt gewor'n? Ephraims Wertschoft söllt amol ei Schindler Josephs Hände kumma!

BREITE *zornweinend.* Das is ebens! daß 'r nee a Pauersihnla is. Aber arbeita kan'r. Das mußt Du doch am besta wissa, was Joseph arbeita kan –. Ich mecht ock iberhaupt amol hiern, was Du mit dar grußa Wertschoft hättst anfanga wulln – wenn Joseph nee hie war – mecht ich ock wissa?

BAUER. Nu ju, ju. – Kanst Recht ha'n! Ich bihn alt und dar denkt, warum sollt ich denn nee ei Ephraims Wertschoft kumma! – Madel! – Gih m'r aus a Auga!

BREITE. Ich wihl ju zuga'n, Vater, daß nee grade schien is, was de Leute vo' dar ahlen Schindlern reda. Aber 's betrifft doch blußig senne Mutter.

BAUER *zornig.* 's betrifft doch blußig senne Mutter!'s betrifft doch blußig senne Mutter! Gih aus menn' Auga, suste derschla' ich Dich!

BREITE *bleich aber ruhig.* Ich fercht mich nee, Vater. Du kennst mich. Ich fercht mich nee. Ja' mich naus, Vater. 's kimmt wie's kimmt. Ich wer'sch ertra'n. Arbeita ha'n mir gelernt. Ich war mei Brut schun finda.

BAUER *zornbebend.* Gih aus menn' Auga! Gih aus menn' Auga!

BREITE *ruhig.* Was kan's d'n au nutza, Vater Sa' m'r ock, wenn mir ins hie au ufspiel'n wie Biese – Was? Und wenn ich Dir – *Sie zögert.* Wenn ich Dir – Ich muß Dir doch iberhaupt *Zögert.* Schun wegen a Leuta allen –. Ich muß Dir doch iberhaupt noch was sa'n – daß –

BAUER *stöhnend.* Madel? Was denn? *Leise.* Giht's nimmeh' zu verberga? *Er hat sie am Handgelenk beiderseits erfaßt.* Giht's nimmeh' – zu verberga?
BREITE *weinend.* 's giht nimmeh' lange zu verberga. Vater – *Aufklagend.* Vater! Du druckst m'r ju de Hände a'zwee!
BAUER *wie benommen.* Giht's nimmeh zu verberga? Giht's nimmeh' – zu verberga –?
BREITE *ängstlich.* Vater – *Laut aufklagend.* Du druckst mir ju de Hände a'zwee!
WIRTIN *kommt hereingeeilt.* Gotlieb – Gotlieb –
BAUER *läßt Breite los. Nach einer Weile tonlos.* Was?
WIRTIN. Ich denke, 's is was lus hie! Ich bihn ju des Todes derschrucka. *Eine Weile Stille.*
BAUER *stumpf vor sich hin.* Kumm, Madel!
WIRTIN *schüchtern.* Kumm gut heem, Gotlieb. *Sie leuchtet ihnen hinaus.*

Vorhang fällt.

Dritter Akt

Personen

Gottlieb Ephraim.

Beate Ephraim.

Breite Ephraim.

Joseph Schindler.

Die alte Schindlern.

's böhmische Franzel.

Die alte Mattern.

Tine.

Ein Junge.

> *Ephraims große Bauernstube.*
> *Ungefähr drei Wochen später.*

> *Ephraims große Bauernstube.*
> *Es ist sonntäglich geordnet. Tine steht am Herd und hantiert hin*
> *und her, wobei sie gleichgültig psalmodiert.*

Erste Szene

BÄUERIN *kommt im Sonntagsstaat aus dem Stübel.* Paß au uf, Madel, daß nischt passiert, asu lange wie kee's weiter d'rheeme is.
TINE. Braucha keene Angst ha'n, Frau. Ich war schun alles macha!
BÄUERIN. Bind m'r amol das Tichel und steck m'rsch a'. *Vor dem Spiegel. Tine ist ihr behilflich.* Zum Kartuffelufsatza is ju de Breite wieder do. – Nee nee, das is ju schief.
TINE. Nee, schief! wie denn?
BÄUERIN. Mach ock! mach ock! daß ich nee zu spat kumme ei de Lerche. D'r Vater werd's vorhero heute verpassa.

TINE. Ach wuhar ock! 's is ju noch nee halb neune! Se fanga ju jitze erscht zu läuta a'!

Man hört ganz entfernte Glocken.

Zweite Szene

DIE ALTE MATTERN *kommt hereingehumpelt, wobei sie sich eines grünbebänderten Stockes bedient. Eine runzlige, kluge Alte, die ihren in grün gehaltenen Capotehut und Anzug mit Bewußtsein trägt.* A! – a! – a! – Wenn ma ock Odem hätte! Wenn ma' ock Odem hätte!
BÄUERIN. Jitzte! Was! Asu lange huste Dich nee sahn lo'n! jitzte, wo ich ei de Lerche wihl –
MATTERN. Nu nu! 's is ju noch Zeit Beate! Ich gih ju mite. Ich kan ruhig noch a wing verblosa hie. O jemersch, 's werd m'r heute noch schwer genung, Beate, mit menn' biesa Beene. Aber meins, meins! Ma' muß doch senn' lieba Gote au' wieder amol vur'sch A'gesicht trata.
BÄUERIN. Wie giht D'rsch d'n, Mattern?
MATTERN *die sich auf einen Stuhl gesetzt hat.* Immer uf's Grab zu, Beate. An andern Zweck hot's doch nee. Ma' *muß* vurwärts, wenn ma' au nee wihl. Und kan hichstens amol rickwärts sahn.
BÄUERIN *die noch Verschiedenes herzusucht.* O mein Gott, mein Gott! rickwärts sahn! – Wu is d'n wieder 's Gesangbuch hie, Madel? Das hot doch noch gestern hie eim Schränkel gelä'n.
TINE. Ich gleebe, Frau, der Herr hot sichs gestern genumma. Ich sah'n d'rmite ei's Stibel gihn.
BÄUERIN. D'r Herr? *Während sie einen Augenblick ins Stübel eilt.* Nu ju ju! Dar is nu asu!
MATTERN. List Gotlieb au ei'm Gesangbuche?
BÄUERIN. A! a! ich wiß iberhaupt nee, was ei da Vater gefahr'n is! Ich wiß gar nee! – *Plötzlich interessiert.* 'r hot doch heute vom Amte an Brief gekriegt, – da is 'r glei' zum Vursteher gelaufa. Was au das wieder sein muß? – *Klagend.* Seit d'r Suhn surt is, ich war D'r sa'n, liebe Mattern, ich gleebe, 'r hot schun manchmal – a! *Abwehrende Geste.* Du wißt ju, wie 'r asu is. Merka will 'r sich's nee lo'n! Aber Du kanst's gleeba: Seit 'r da Suhn hot aus 'm Hause geja't –

MATTERN. Was denn? Naus geja't? 'r hätt' a naus geja't? Du hust m'r doch salber d'rzahlt Ernst hätte sich nee halta lo'n.
BÄUERIN. Nu ju ju! freilich, 'r hot 'n ebens ziehen lo'n! O mein Gott, mein Gott! Was ich e dan paar Wucha schun ha fir Kummer ertra'n! As alleene wie dar Junge nu unter fremda Leuta dostiht! Kenner kan a meh' berota, kenner kan 'n amol uf richt'ge Wege brenga, asu unbedächtig wie a immer is. Und hie ei inse Wertschoft, da macht sich Fremder immer meh' Raum. Das läßt d'r Vater zu. 's Madel giht mit'n. 'r wogt eben dam Kerle jitze iberhaupt nischte meh' zu sa'n – d'r Vater! 'r is iberhaupt seit dar Zeit – ich kan mir kenn Vers macha! 'r thut seit dar Zeit, als gäng'n das nischt a!
MATTERN. Wenn au amol a junges – Iberhaupt, Beate, a Mansbild muß amol under die Leute kumma.
BÄUERIN. Zu was denn? Inse eegnes Blut! Wenn 'r zu Hause genung hot!
MATTERN. Ach, genung hot, genung hot! Das macht doch noch kenn' Man. Du mußt doch au a Ei'sahn ha'n! 's schad't dam Junga gar nischt, wenn 'r sich de Hörner a wing ableeft. Oh meins, meins! Wenn ich denke, wie *mir'sch* asu geganga is! Ich ha' manch liebes Mal eim Herbste, wenn ich asu mit blußa Fissa – 's Kleedla wer wiß was fir a Lumpa – uf da windiga Stuppeln stand und Kihe hit'te, da bihn ich ufte, wenn an Kuh Wasser ließ, flink mit a Fissa nei ei's Warme getrata, asu derfruren wie ich war –
BÄUERIN *resolut.* Kumm bata. Ju ju, ich wiß ju. Ihr ha't kenn' Kummer. Ich ha'n ganz alleene. *Ich* ha'n. Ich ha' kenn' Menscha weiter uf d'r Welt. Und Ernstla'n ha'n se mir genumma. Und a Fremder derf sich bei ins breet macha, weil 's Madel sich durchaus an sulcha Zigeunerkerl nahma wihl –
MATTERN *während sie sich lachend zum Gehen erhebt.* O jemersch, Beate, mir nahma nee – alles nimmt ins. Nee nee! Alles nimmt ins, de Menscha thun ock a wing gruß, als wenn se wullta und kinnta. – De Leute missa's Ärschliche eim Kuppe grade asu nahma wie's Grade. *Beide gehen zur Thür, lachend.* Kanst 's gleeba, Beate.
JOSEPH *tritt ein mit einem Pferdekummet über der Schulter.*
MATTERN. Bist wull heute alleene d'r Herr, Joseph?
JOSEPH. Was fir Herr?

BÄUERIN *kurz*. Wenn was kimmt, d'r Vater is beim Vursteher d'unda
– uf'm Amte.
JOSEPH. Gut, gut!

Bäuerin und Mattern ab.

Dritte Szene

JOSEPH *setzt sich auf die Bank und beginnt eine Lederarbeit am Kummet.* Bauer is auf Amt? – Bauer hat heit Brief bekummen vum Amt. Hust Du su bissel gehört, was is?
TINE *abgehend*. Ich? Nee, was giht mich d'n das a'! *Ab.*

Vierte Szene

SCHINDLERN *mit der Harfe über der Schulter, kommt eilig herein.* Guten Murgen, Juseph! Du sitzt su einsam?
JOSEPH. Ja ja, ich sitze einsam! Is gut einsam.
SCHINDLERN. Ich duchte mir, Du wärst einsam. Deswegen kumm ich flink hereingesprungen. – Hat Bauer endlich gespruchen? – Was?
JOSEPH. Was giht *Dich* an? – Ach gih! Wu gihst Du hin? Wie kummst Du schun so zeitig iber Hals?
SCHINDLERN. Juseph! Was? –
JOSEPH. Du weißt doch, Bauer hat nicht gern. wenn Du kummst. Er hat nicht gern.
SCHINDLERN. Er hat nicht gern? Was geht mich Bauer an, wenn Mutter kummt zu ihre Suhn!
JOSEPH *verächtlich*. Ach! ach! ach!
SCHINDLERN. Was ist ach?
JOSEPH. Du kummst vurüber, was? – Wu ist Franzel?
SCHINDLERN *schmeichlerisch freundlich*. Franzel kummt auch vurüber. Wir müssen in Thal runter zu Kirmeß und kummen nur vurüber.
JOSEPH. Su gih!
SCHINDLERN. Ich kann nicht verstehen, Juseph!
JOSEPH. Was sull ich Dir sagen, wenn ich selbst nicht weiß, was wird.
SCHINDLERN. Mit Huchzeit?

JOSEPH. Mit Huchzeit! freilich! mit allem! Ich habe iberhaupt nicht Lust, hier an der Kette zu liegen mit und ohne Huchzeit.

SCHINDLERN. Aber Suhn!

JOSEPH. Was?

SCHINDLERN. Nun! wenn Du bist bei Bauer Schwiegersuhn, Du bist duch halb mit!

JOSEPH. Ach was! halb mit! – Ich hab zu thun. –

SCHINDLERN. Was *denkt* sich nur Bauer?

JOSEPH. Er denkt immerfurt. Seit Ernst ist über alle Berge, er ist stumm und still und denkt immerfurt – und ist gut zu die Leite – und sagt gar nichts. Und ich werde mich hüten, *ihm* zu sagen. – Franzel kummt vurüber, was?

SCHINDLERN. Du wirst warten bis zum jüngsten Tage, Juseph, wenn Du nicht einmal Dir Mut nimmst, *ihm* zu sagen. Du weißt doch, wie er ist!

JOSEPH. Mut! Ich sull Mut nehmen? Ich sull mich hinwerfen – vur Bauer? – Was?

SCHINDLERN. Du hust erlangt, daß Ernst ist außer Haus. Du hust erlangt, daß Bauertuchter uffen mit Dir giht. Du wirst mit der Zeit – wirst Du warm sitzen, wie keiner! Was willst Du!

JOSEPH *wegwerfend aufgebracht.* Ich werde warm sitzen, wie keiner! Ich werde an der Kette sitzen, wie keiner! Ich werde immer sein, was ich heit bin. Ich werde huffen – und huffen auf wer weiß was – *Er nimmt seinen Kopf in beide Hände.* Ich – ich – ich – *Mit abwehrender Geste.* a! –

Franzel mit ihrem Geigensäckchen unterm Arm, ist geräuschlos in der Thür erschienen und guckt herein und lacht höhnisch.

SCHINDLERN *verächtlich.* Ach was! Ich hätte niemals gedacht, Du wirst ein sulcher Thor sein!

FRANZEL *spöttisch hereintretend.* Freilin Braut is sich nicht daheim! aha! – *Verächtlich.* daß Du magst su was! puh! –

JOSEPH *auflodernd.* Du gihst, Franzel ich sage!

SCHINDLERN. Wir *gehen,* wir *gehen* auch. *Sie will Franzel mit sich ziehen.*

FRANZEL *halb kläglich, halb höhnend.* Juseph? – Is sich alles vurüber? Sull sich nun alles vurüber sein für immer? Was?

JOSEPH *zur Schindlern gewandt.* Wenn ich Laune hab', werd' ich ihm sagen, wenn ich nicht Laune hab', werd' ich ihm ewig nicht sagen. Und ich werde frei sein und frei bleiben.
SCHINDLERN *schon an der Thür zurückrufend.* Und armes Luder sein, ewig armes Luder sein! Du Dummkupp! *Wobei sie sich mit der flachen Hand an die Stirn schlägt und dann verschwindet.*
FRANZEL *leidenschaftlich und leise.* Ich will Dich nur eins fragen, Juseph! Erlaubst Du mir? Was? *Plötzlich ganz devot und brünstig.* Ich will Dir Hand küssen, meine Juseph! *Sie hat seine Hand ergriffen und küßt sie stürmisch.* Und ich will Dich fragen Juseph, wirst Du mich einladen zu Deine Huchzeit?
JOSEPH *gedehnt.* Ich kann nicht sagen. Ich kann nicht sagen.
FRANZEL *wie vorher.* Ich will Deine Hand küssen meine Juseph–
JOSEPH *gepeinigt.* Ach gih, Franzel, ich bitte!
FRANZEL *eilig und plötzlich scharf.* Ich gih. Ich gih. Hahahaha! Ich kumme zu Deine Huchzeit, Juseph. Ich will spielen zu Deine Huchzeit. – *Halb flehend, halb höhnend.* Juseph! *Ab.*

Fünfte Szene

BAUER *kommt in Gedanken herein, während er zurück spricht.* Hot'r wieder amol zu viel ufgelada uf de Kihe! 's is kee Wunder, wenn se sich dann uf da Steenen a Berg nunder de Fessel vertrata. *Ein Junge erscheint auf der Schwelle.* Nu ju ju, ich war kumma! Sa's 'm Vater, ich war kumma und 's ei'renka.
JUNGE. Se mößta aber bahle kumma, sa'te d'r Vater. *Ab.*

Sechste Szene

BAUER *geht unruhig hin und her und sieht an die Uhr, nach einer Weile.* De Harfaleute war'n hie? Was?
JOSEPH *arbeitend.* Gewiß, Franzel war hier! – Meine Mutter war auch hier. –
BAUER *stumm hin und her.*
JOSEPH. Haben Sie etwa was dagegen? Es wär schon gut, wenn Sie mir beizeiten sagten! – denn –

BAUER *wie für sich.* 's mußte ju asu kumma! – Nee wuhr? – D'r Suhn hot's Vaterhaus verlussa! D'r Suhn hot's Vaterhaus verlussa! Vatersch Regiment paßt'n nimmeh' –
JOSEPH *tastend.* Was ist?
BAUER. Nee wuhr? wenn Euch de Eltern nee alles uf'm Präsentiertaller hiehalta, dann heeßt's: glei' Heidi! heidi! mir ziehn ei de Welt! Mir kinn' ju fremda Leuta inse Ding ufspiel'n – vo Orte zu Orte. – De Welt hot keene Thiren! Immer giht! Immer giht!
JOSEPH. Warum, Herr? Warum sprechen Sie das?
BAUER *leiser in sich hinein.* Ich war'sch 'm a' streicha – dam Jingerla! Und wenn Hermann fufzah' Mol sa't, ich hätt'n nee derfa vur alla Leuta an Ohrfeige ga'n! Nee nee! Ich hätte lieber sulln hietrata vur'n: Nu, Sihnla, Du willst uf Reisa gihn? Da nihm D'r ock hie an Hand vull Geld, was Dei' Vater sich mihsam derschindt' hot, – und nu reis ei de Welt, und wenn D'rsch amol eifallen sollte, d'rheeme Deine Tummheeta furtzusetza, – Schama – schama muß ma' sich ei' senne Seele nei', wenn ma' an sulche Geschichte zu lasa kriegt. *Er hat einen Brief aus der Tasche gezogen und wirft ihn auf den Tisch.*
JOSEPH *gleichgültig.* Ich denke – vielleicht gar – der Brief ist –
BAUER *aus den Brief gestikulierend.* Vo' *mir* darf kenner erwarta, *ich* war vurn hietrata! Asu lange wie ich labe, sohl kee's vo' menn' Kindern gleeba, ich war kumma. *Ich bihn d'r Vater!* Was meine Kinder sein wulln, die ha'n zu mir zu kumma! *Ich bihn d'r Vater –* und wenn mir die *Zahne* ausfall'n, *ich bihn d'r Vater – und war d'r Vater bleiba!*
JOSEPH. Haben Sie Kummer, Herr? Um was?
BAUER *nimmt den Brief und steckt ihn wieder in die Tasche.* Was sa'st Du, Joseph?
JOSEPH. Aber siehst Du, Herr! Du erzählst mir lange Geschichte – und alles ist mir dunkel. Du erzählt mir Zorn und Gram, und alles ist mir dunkel. Erzähle mir klar –!
BAUER. *Was* willst Du? Ich ha' Dir nischt zu d'rzahlen! Ich ha' niemanda was zu d'rzahlen!
JOSEPH. Du erzählst mir, Suhn ist aus Vaterhaus gegangen. Du erzählst mir, er hätte sullen kummen zu Dich und bitten. – Was bitten? Was sullt er bitten, Herr? – Es ist nicht jedermanns Sache zu kummen

und bitten. Verstihn Sie mich. Es streckt nicht jedermann gern Hand aus um Dinge, die kummen oder nicht.

BAUER. *Was* sein das fir Reda? Du willst mir wull gude Lehren ga'n? was?

JOSEPH. Ich will gar nix »Lehren ga'n«! gar nix! Ich sage nur, wie mich dünkt! Aberr –

BAUER. Wie denn? Daß de Kinder immer meh' ufsätzig war'n, wenn iber die Ahlen die biesa Juhre harfalln! was?

JOSEPH. Aber gar nix, Herr! Was aufsätzig? Wer ist aussätzig? Ich? – Warum nur immer alles zwingen, was nicht will? – Aber *Sie* denken, man muß bluß blind zum Ziele kummen! Es giebt Ziele in der Welt so viele wie Wege. Und was einer nimmt mit alle Verstand, ist noch lange nicht immer das Beste genummen. Aber *Sie* denken, man muß auf Knie fallen und durchsetzen und bitten –

BAUER *entgegenkommend*. Ich war Dir was sa'n. Joseph –

JOSEPH *leichthin*. Meine Alte erzählt su feine Geschichte. Es geht einer dahin, wu jedermann denkt, es ist nichts zu finden. Es faßt ihn, es treibt ihn. Er denkt, es treibt mich, so wird gut sein. – Su kummt er auf Brücke. – Auf Brücke wird vielleicht eine Schatz sein! – Gut! – Er wartet. Er sieht noch keine Schatz. – Er wartet. – Aber ein anderer kummt. Der Neie ist Kluger! Das ist immer, der alles glaubt zu sehen in vuraus und immer glaubt, nur das Gescheite zu wünschen in vuraus, – der Kluge denkt: Was giht jener hin und her – der Thor? »Was machst Du hier?« – »Ich?« sagt der Thor, »ich gehe hin und her und warte.« – »Auf was?« – »Vielleicht auf eine Schatz.« – »Auf eine Schatz?! Sull sich Schatz grade hier auf Brücke kummen in Deine Arm'?! Ich habe einmal *getreimt,* eine Schatz läge unter jenes Lindenbaum, aber ich bin kein Treimer. Was einem su leichthin durch Kupp zieht, das ist Schaum. Ich habe einfach iber sulche Idee gelacht.« – »Lach' iber was Du willst!« – Er läßt den Klugen laufen, gräbt unter das Lindenbaum und – findet eine Schatz. – Su giht's.

BAUER *zutraulich*. Joseph, ich ha' heute an Brief gekrigt. Ernst hot unterwegs a Handwerksporscha gespielt und de Leute a' gebattelt! Das hot de Pulzei gesahn. – Du sa'st 's aber niemanda! Schande genung, wenn ich's wiß. – Nu Jeses, – 's kimmt ju vir! 'r hot ebens nischte meh' geha't. – Du sa'st's aber niemanda. Se ha'n n' ju au wieder laufa gelo'n. *Er verschließt den Brief ins Schränkchen.*

JOSEPH *mit einigem Erstaunen.* Was ist mit Ernst? – Ach was! Wu werd ich reden von su was! Was ich habe iber Ernst gehört, ich habe nichts gehört, gar nichts gehört.

Siebente Szene

BREITE *im Sonntagsstaat, ein in ein buntes Tüchel eingeschlagenes Paketchen überm Arm, kommt herein, die Situation still prüfend.*
BAUER *will gehen.*
BREITE *vorsichtig.* Wu gihst Du hie, Vater?
BAUER. Zu Gustava. Se ha'n nach mir geschickt. *Ab.*

Achte Szene

BREITE *die den Bauern verfolgt bis er im Hofe verschwunden ist.* Wu giht 'r hie?
JOSEPH. Gustavs Kuh hat sich Fessel vertreten. Sie haben nach ihm geschickt.
BREITE. Nee – 'r is doch asu gut!
JOSEPH. Gut, ja ja, immer still und gut! Aber gesagt hat'r doch nichts! *Immer noch an seiner Arbeit.*
BREITE *die ihr Paketchen ausgepackt und ein buntes Kaffeetuch hingehalten hat.* Sieh amol, Joseph! – Das hat m'r de Tante gega'n fir inse Wertschoft.
JOSEPH *gleichgültig.* Schön sieht!
BREITE *tritt zu Joseph.* Wie bist De denn, Joseph?
JOSEPH. Ich? – wie immer.
BREITE *seufzend.* Ach, Joseph, wenn ich Dich ha' – manchmal wiß ich nee hie und nee har.
JOSEPH. Was? – Ich denke, das giht bluß Deine Vatter su!
BREITE Wenn ich Dich ha', wenn ich Dich sah, da is alle Angst is wieder verschwunda. Da gleeb ich alles. Da bin ich wieder fruh. Da wihl ich doch au gar keene Furcht und Surge meh ha'n.
JOSEPH. Was sagst Du? Du hast Furcht? Vur was?
BREITE. Nee nee! ich wiß ju! 's sein ju Tummheeta! 's mag wull au kumma, nu ich doch a wing schwächer bihn. Ich ha' ju au gar kenn'

Grund – jitzund wu d'r Vater alles wiß. Und wenn 'r nu erscht wieder frisch is und wieder mit ins redt!

JOSEPH *gleichgültig.* Ich meine *auch! Von der Arbeit aufblickend.* Du bist heite ganz schmuckes Ding, ich sage.

BREITE *liebevoll.* Ach Josephla, Du wißt's eben nee, was mich plagt! *Sie beginnt ihr Kopftüchel und ihre Jacke abzulegen und sich fürs Haus herzurichten.*

JOSEPH *hat seine Arbeit beiseite gelegt.* Laß, ich will Dir knöpfen.

BREITE. Nee, luß ock das heute!

JOSEPH. Aber grade, grade! Wenn Du Kupp hängst – grade! *Er zieht seine Finger plötzlich zurück.* Und nun, man sticht sich noch an Deine dumme Nadeln! Ach was!

BREITE *sorglich.* Nee Joseph, zeig amol! Nee aber! was läßt De's nee! Ich kan m'r ju das gut alleene macha.

JOSEPH. Sag mir nur lieber, warum hast Du heite sulche schwere Gedanken, grade wu Vatter hat wieder zum ersten Male freindlich mit mich gespruchen!

BREITE. Ich wihl ju au vergnigt sein! Wenn ich bei Dir bihn, wenn ich Dir ei Deine Auga sah! *Versonnen.* Wenn ich Dir ock amol uf a Grund sahn kinnte.

JOSEPH. Immer sieh! Du dumme, kleine Hexe! *Du* willst auf meine Grund seh'n? – Ich auch. Ich mechte Dir auch mal auf Grund kummen – und ich mechte auch Deine Vatter mal auf Grund kummen!

BREITE. Joseph! mir kanst De ruhig uf a Grund sahn. Ei menn' Harza steckt nischte vur Dir verburga. Guck ock amol tief 'nei! Immer guck tief 'nei! Da werscht De's wull sahn, daß kenner wetter drinne sitzt, als enner, dar mir wer wiß was fir Kopzerbrecha macht.

JOSEPH. Einer, der Dir Kuppzerbrechen macht? Aber sag, Kind, das muß ich sehn. *Sie gucken sich in die Augen.*

BREITE. Ju ju. Du machst D'r ock a Vergniga! Ich wiß ju au, daß alles verfliegt, wenn ich Dich bei m'r ha'. – Ich denke halt immer, vielleicht kimmt's doch noch amol besser. Wenn De m'r amol ganz gehierscht, – und wenn m'r dann erscht inse Kleenes ha'n, da wihl ich doch au asu arbeita –! daß De's viellecht doch noch amol fihlst –! Da sullst De's aber gut ha'n, Joseph –

JOSEPH *lustig, weich nachahmend.* Ja ja ja ja! gut! – das glaub ich! Du wirst mich einwickeln, su ganz in Deine Liebe, daß ich ganz muß ersticken, wie Wickelkind! was!
BREITE *küßt ihn plötzlich stürmisch.* Du – mein – Joseph! mein – *Sie hat Joseph kräftig auf die Bank niedergedrückt.* lieber – guter – Joseph! Dich – und Dich – und Dich!
JOSEPH *versucht aufzustehen.* Du – nun ist – gut! – gut –
BREITE. Und nie eim Laba an andern! – Dich – und Dich – und Dich!
JOSEPH *sich wehrend.* Breite – Breite!
BREITE *läßt ihn plötzlich los und seufzt tief auf.* A – –
JOSEPH *lachend.* Du stürmisches, kleines Mädel, hust mich beinah Weste zerrissen.
BREITE. Ju ju! Mach Du D'r ock a Vergniga!
JOSEPH. Was hust Du nur fir Schmerzen?
BREITE. Mach ich Dir keene Schmerza? Das mußt De *mir* erscht sa'n!
JOSEPH. Du – mir
BREITE. 's druckt m'r 's Herz ab. Ich muß mich vo' dam Gedanka frei macha.
JOSEPH. Ich verstih' kein Wurt.
BREITE *resolut.* Ich ha' mich Dir doch asu leicht fertig hiegega'n –
JOSEPH. Leichtfertig –! und hättst Du nicht gethan, so wäre duch iberhaupt niemals dran zu denken, daß Vatter –
BREITE. Das gleebst Du au!
JOSEPH. Was?
BREITE. Daß es bluß derentwegen asu weit kumma muß!
JOSEPH. Was kan Dir machen, wenn niemand sunst was weiß –
BREITE. Ich ha' Dich doch uf die Weise asu nei' gelockt – und nu sohl's mit d'r Huchzeit wieder gut gemacht war'n – weil's amol uf keene andere Weise vur a Leuta gut zu macha gäng! – Das ertra' ich nee.
JOSEPH. Was? – Ich meine duch Vatter!
BREITE. *Dich* fra' ich, Joseph.
JOSEPH. Mich?
BREITE *bestimmt.* Du willst mich bluß deshalb nahma – weil –
JOSEPH. Ich Dich? Ich hab Dich doch gern. Ich hab Dich doch gern. Ach was! Wenn Du nicht besser weißt, was ist –
BREITE. Sei ock nee glei' biese, Joseph.

JOSEPH. Du mißtest doch wissen, was ich Dir hundert Mal hab vurgespruchen in sulche Sachen –
BREITE. Ach, Josephla! Du wißt's eben nee. Du verstihst mich nee. Wenn ich Dich ha'! Du kanst macha mit mir, was De willst! Du könnt'st mich ei Deine Arme nahma und weeß Gott im Wasser ertränka, ich wird mich nee wehr'n. Wenn ich denke, daß 's doch virkimmt, daß enner an andern asu gerne hot, und der andere 's nee asu fihlt – ach! da werd mir manchmol asu Angst. Da kimmt's iber mich. Da wiß ich gar nimmeh', was ich thun sohl. *Man hört Tritte im Haus. Sie geht an den Herd.* Da kinnt ich naus renna und 's asu naus schrein vur Schmerza, asu sticht mich dar Gedanke hie dinne.

Neunte Szene

BÄUERIN *kommt mit dem Gesangbuch in der Hand aus der Kirche. Sie tritt verschnaufend an den Tisch und beobachtet bis Joseph mit seiner Arbeit abgeht. Als Joseph hinaus ist, beginnt sie ihre Rede.* 's is noch nee genung Kummer, daß sich's eegne Madel asu vergassa kan!
BREITE. Fang ock wieder a', Mutter!
BÄUERIN *entrüstet.* Wenn das wuhr is, was m'r de Vurstehern d'rzahlte –
BREITE. Ha'n Dich die tumma Weiber wieder amol ufgehetzt ei d'r Kerche? Hot de Vurstehern etwa wieder recht uf Josepha schantiert?
BÄUERIN *ohne zu hören.* Aber Du und d'r Vater, Ihr mißt ju alles asu weit treiba! Is d'n a Wunder, wenn inse Ernstla uf d'r Landstraße lei't und kenn Pfenn'g ei d'r Tasche hot! *Sie hat sich gesetzt und weint einen Augenblick.*
BREITE *eifrig.* Da sa' m'r'sch ock! sa' m'r'sch ock! Wegen Ernsta is's? Wiß d'n d'r Vater schun?
BÄUERIN *aufstehend und ihre Sachen ablegend.* Aber ma kan sich doch mit 'n Vat'r jitzte gar nee ei'lo'n – mit'n Vater – wie dar is! – Freilich muß 'r'sch wissa, 'r hot doch vum Amte da Brief gekriegt. – *Resolut.* Nu werd' mir aber de Vurstehern de Adresse verschaffa, nu war ich 'n was schicka. *Man hört Tritte. Bäuerin beschäftigt sich scheinbar harmlos.*

Zehnte Szene

BAUER *kommt.* An Schniete Brut und an Korn wihl ich ha'n.
BÄUERIN *schneidet Brot, während sie ihn mit Seitenblicken beobachtet.* Was hust De denn, Vat'r? Da red ock a Wort!
BAUER *setzt sich auf die Seitenbank ohne ein Wort.*
BREITE *stellt ein Glas Korn vor ihn.*
BAUER *verfolgt sie mit dem Blick.*
BÄUERIN. Was hust De d'n beim Vursteher asu lange zu thun geha't, Vater? Das kanst De mir doch wenigstens sa'n. –
BAUER *barsch.* Ach was!
BÄUERIN *reicht ihm das Brot.* O mein Gott, mein Gott! das is a bissel Laba!
BAUER. Hust De denn au Deine sieba Sacha a wing eim Stande, Madel?
BREITE *erstaunt.* Meine Sacha, Vater?
BAUER. Nu, Du kanst doch nee wie a Bettelmensch ei de Ehe trata.
BÄUERIN *die den Bauer und dann Breite fragend angesehen.* Nee, was denn? Man! – Was denn? – Inse Junge lei't draußa uf d'r Landstraße –
BAUER *auffahrend.* Wu is inse Junge?
BÄUERIN. Wu sohl ich's d'n harwissa, wu a is! – Aber derentwegen braucht sich doch dar fremde noch lange nee immer meh' bei ins ei'zerichta –
BAUER *fest.* 's is kee fremder meh', wenns Madel a Kind vo'n trä't. Hust mich verstanda! 's is iberhaupt gar nischt wetter zu sa'n.
BÄUERIN. O mein Gott, wer hätte das alles asu denka sohl'n.
BAUER. Da kinnt 'r also Huchzeit macha! – 's sohl vur a Leuta noch alles ei Ehren gihn – Hust De mich verstanda, Weib!
BREITE *von plötzlichen Thränen übermannt.* Nee, Vater –
BAUER. Zu was sohl's erscht asu weit kumma, daß se's alle sahn und hiern missa. Da wull'n m'rsch bahle macha.
BREITE *wie vorher.* Darf ich nee Josepha rei'rufa, Vater?
BAUER *hält sie am Arm zurück.* Du nimmst a frei. Ich ga' D'r 'n frei. Asu wihl ich's ha'n. – Alles andere wihl ich vergassa.
BÄUERIN. Alles vergassa – und inse Junge muß sich draußa rimtreiba –
BAUER *plötzlich heftig.* Treibt a sich rim? Was?

BÄUERIN. Und wenn 'r sich au nee rimtriebe! Mir war'n wull hie a schie Fest macha – und inse Junge –
BAUER *am Schränkchen kramend.* 's sohl an gude Huchzeit war'n. Asu wihl ich's ha'n. *Breite steht unschlüssig da.* Kanst's 'm Joseph sa'n *Er kommt an den Tisch.* Hie – *Er zählt einiges Geld hin.* hust Du was, Weib. Das kanst De Ernsta schicka. Verstihst De mich. *Er ergreift das Kornglas.* De Adresse war ich D'r ga'n.

Breite eilt hinaus.

BÄUERIN *erstaunt.* Nee, Vater!
BAUER *gießt seinen Korn hinunter.*

Der Vorhang fällt.

Vierter Akt

Personen

Gottlieb Ephraim.

Beate Ephraim.

Breite Ephraim.

Joseph Schindler.

Die alte Schindlern.

's böhmische Franzel.

Hildebrandt
Huhndorf
Kretschmer , mit ihren Frauen.

Wirt Glumm mit der Frau.

Die alte Mattern.

Tine.

Bauernburschen und Mädchen.

Ephraims große Bauernstube.
Kurze Zeit später.

[1. Szene]

Hochzeitsschmaus in Ephraims großer Stube, die bäuerisch mit Guirlanden und Papierblumen ausgeschmückt ist. Um den Bauern und Joseph in der Nähe der Stübelthür sitzt und steht eine Gruppe, darunter auch Breite und Mattern. An der Mitte des Tisches spielen einige junge Leute, in deren Nähe die alte Schindlern mit Frau Huhndorf ein leises Gespräch eifrig unterhält, wobei sie dann und wann auf Joseph und den Bauern hinblickt und gestikuliert. Einige Stühle stehen leer am Tisch. Die Bäuerin mit Tine am Herd und

Tisch hin und her beschäftigt. Es ist gegen Ende des Mahles. Die Gemüter sind bereits stark erhitzt. Auf der Tafel stehen Weinflaschen, Gläser, Obst wirr durcheinander. Einige rauchen Pfeife oder Cigarre. Es wird hin und her gegangen.

BAUER *angetrunken, laut*. War bihn ich? War bihn ich? – Ephraims Gotlieb war ich wull noch sein – oder bihn ich's etwa nimmeh, Heinrich? – Ich sa's Euch. Macht mir nee was vir! – Ich war'sch schun wissa, a wan ich meine Werthschaft abzutrata ha'. – Das war ich wissa. – Wenn inse Herrgot suste gewullt hätte, daß mir alles immer glei' ei vuraus wößta, da wörd'r ins wull nee de Auga asu verbunda ha'n.

MATTERN *lustig dazwischen*. 'r muß doch au noch a wing was mite zu iberlä'n ha'n, inse Herrgot. Is nee wuhr, Gotlieb?

BAUER. Ach, ich ha's immer gewußt, wie's kumma muß. – Die beeda – mit da beeda – das hot alles senne Richtigkeet mit da beeda. – 's is asu gekumma, und 's sohl au asu bleiba. – Nu miega *die* sich kimmern, wie se mit dar Wertschaft –

BÄUERIN. O mein Gott, mein Gott, Du Du! Asu weit ha'n se nu a Vater gebrucht!

HILDEBRANDT *ebenfalls erhitzt und laut*. Wenn ma mit suna schwarza Spielleuta zu thun hot, die uf kenner Seite a wing lichte sein, da muß ma sich zum wingsta nee glei' salber ei a Schatta satza, suste kimmt ma' gar nimmeh aus'm Finstern raus.

JOSEPH. Wenn einer schon mal bissel Glick findet, da wird's gleich immer Leite geben, die wullen hinten und vurne am Zeige flicken. Aber mich kann sulcher Lärmmacher wie dieser Heinrich heite nicht auf seine Geige spannen! Gieb Dich keine Mihe! Ich gebe keinen Ton! Heite nicht! Heite keinmals!

SCHINDLERN *ruft aus ihrem Gespräch über den Tisch*. Wenn Heinrich nicht wird Zank und Streit machen unter die Menschen – Jesus und Maria! er kann gar nicht leben er kann gar nicht leben.

BAUER. Macht mir nee was vir, ich sa's Euch! De Mutter nee! Und die ahla Karle erscht recht nee. Mir wer'n schun wissa, Breitla, wie ma's macha muß. Was, Breitla? *Betrunken lachend.* Die ahla Karle! die ahla Karle – gar nimmeh grade stihn vur Tummheet – se kinn'n gar nimmeh grade stihn kinn'n se vur Tummheet und wull'n ei inse Sacha neireda –

JOSEPH. Hahaha, Vatter! Su ist es! su ist es!
EINIGE MÄDCHEN *umringen die Mattern.* A Orakel! Mattern, a Orakel!
MATTERN *komisch.* 's is au noch wuhr, Ihr Madel! Mir wer'n lieber amol a Orakel macha. Das ewige Hie- und Hargezerre mit da Mansleuta! Unterdessa kinn'n mir gut und garne amol a wing 's Schicksal befräu'n. *Sie geht zum Geschirrschrank.*
HILDEBRANDT *lachend.* Immer fräu't Kannen und Tippel, Ihr abergläubscha Weibsbilder! *Mit Nachdruck.* Viellechte sa'n se's Euch amol, wie's hie kumma muß. – *Emphatisch.* 's stiht ei d'r Bibel –
MATTERN *während sie mit der Bäuerin im Schrank kramt.* Hiert ock nee uf Heinricha!
BAUER. Was stiht ei d'r Bibel, Heinrich?
HILDEBRANDT *laut.* 's stiht ei d'r Bibel: Bleibe Du d'r Oberschte ei Denn'n Gitern! ock d'r Oberschte ei Denn'n Gitern!
BREITE *leise besorgt zur Mattern über den Tisch.* Dar werd schun a Vater noch ei Ufregung brenga, Mattern, der Heinrich! Sa's 'n ock amol! sa's 'n ock amol!
BAUER. Ich ha' ju a Brautleuta de Wertschoft ock asu weit iberga'n, daß ich immer noch a Wort mite zu reda ha' –
HUHNDORF *der eben hereingetreten ist und in der Mitte der Stube interessiert stehen bleibt.* Mite zu reda! Ma' wiß ju, wie das is. Mite zu reda. 's i manchmol mit dam da, Gotlieb –
HILDEBRANDT *schreit.* Bleibe Du d'r Oberschte ei Denn'n Gitern! ock d'r Oberschte ei Denn'n Gitern!
MATTERN *mit vier Töpfchen in der Hand behaglich an den Tisch kommend.* Du machst weeß Gott schun a ganzen Obend an Lärm, Heinrich, als wenn Du hie d'r Bräut'gam wärscht. *Alle lachen. Der Bauer ist in sich hineingesunken und starrt vor sich hin. Mattern freundlich zu Hildebrandt fortfahrend.* Du sollst iberhaupt gar nee erscht mit sulcha Sacha a'fanga, Heinrich. Ich war Dir amol was sa'n. – A sunes Verwandta Gehetze – nu do! Das ha' ich grade derfahr'n. *Sie bekommt allmählich alle Aufmerksamkeit.* Mir träumt heute noch d'rvone, wie se mich armes Madel asu behandelt ha'n! – Wu hätt' ich m'r d'n kinn', zum Verzeichnis, an Bihma d'rspar'n. *Lustig.* Da ha'n se mich doch aber asu a'geschimpft – und a' a Hals ha'n se mich kriega wull'n – Joseph – geradezu a' a Hals.

KRETSCHMER *lachend dazwischen.* Du werscht a wull au nischt schuldig geblieba sein! Ahle!

MATTERN *gewichtig.* Nee nee, Ihr söllt lieber gar nee erscht mit sulcha Sacha kumma – das is mir ei'gegraba bis zu menn' Tude. Wenn ich alles asu vurher gewußt hätte, wie's kumma sollte, ich hätt' mir das Heirata noch zahn Mol iberlä't. Ich war gar nee asu, zum Beispiel im Vergleiches, wenn sich de Frauensleute asu närr'sch a' de Mansbilder hänga –

EIN JUNGER BURSCHE *vorlaut dazwischen.* Mutter, ich muß an Man ha'n, oder ich steck's Haus an!

MATTERN *lachend.* Nee nee, asu ibertrieben war'sch bei mir gar nee. Da hätt' ich weeß Gott lacha gemußt. *Sicher.* Nu hälst De endlich amol a Dich, Heinrich! Nu ha'n mir genung vo da Sacha! *Unterdessen stellt sie die Töpfchen auf. Bedächtig.* Nu stell ich vier Tippla uf a Tisch! Nu paßt uf, Ihr Leute! *Sie hebt jedes Töpfchen der Reihe nach hinweisend in die Höh.* A Stickel Kohle – an warme Stube! A Stickel Geld – an vullen Beutel! A Stickel Brut – sat zu assa! *Verschmitzt lachend.* Das Fleckla hie –

EINIGE. An Lumpa! An Lumpa au!

HILDEBRANDT *für sich.* An Lumpa dam, dar enner war'n sohl.

MATTERN *ist zur Breite getreten.*

BREITE *halblustig.* Sull ich a'fanga?

EINIGE. Freilich muß de Braut a'fanga!

BREITE *derb.* Ach nee, mit Eu'rm Orakel macha!

MATTERN *bindet ihr das Tuch um die Augen.* Mach, mach, Madel!

BREITE. Au noch das Tichla im de Auga! *Bethulich.* Sohl ich, Joseph?

JOSEPH. Su laß Dir binden!

BREITE *mit verbundenen Augen, drollig.* Ach nee! Das wullt ich doch gar nee. Wenn erscht was Bieses kimmt – ich sa' Dir'sch, Mattern – wenn was Bieses kimmt! Ich ha' vorhero heute schun – a Kop –

MATTERN *sie in die Ofenecke führend.* Immer ei de Ecke mit Dir.

EINIGE. Und nee gucken, Breitla.

FRAU GLUMM. Se guckt ju nee. Se guckt hichstens ei a Backufen 'nei.

MATTERN *am Tisch.* 's Erschte – 's Zweete – 's Dritte – 's Vierte! Nu nihm Dich ei Obacht!

HILDEBRANDT *vor sich hinlachend.* Daß De nee uf a Lumpa kimmst!

BREITE *erschrocken.* Nee! Heinrich! –

MATTERN *gemütlich abwehrend*. Ach, dar is nee dra! Wart's ab, Heinrich!
JOSEPH *ruft gespannt*. Heite nicht, Heinrich. Heite kummst Du nicht an! Heite nicht! Verstihst Du, Heinrich.
MATTERN *ungestört*. Immer lus, Breitla!
BREITE. 's Dritte!
MATTERN *hebt das Töpfchen auf*. 's Geld!
EINIGE. Nee verpucht! die hot Glicke! De Braut hot Glicke!
FRAU KRETSCHMER. Geld hot se ju genung!
HILDEBRANDT *höhnend ausbrechend*. Wenn ma' mit suna schwarza Harfaleuta zu thun hot, die uf kenner Seite gruß lichte sein –
BAUER *wie aus Schlaf plötzlich emporfahrend, schreit*. Kenner! Kenner! Ich wihl's nu kenn'n wetter gerota ha'n –
BREITE *bindet sich hastig das Tuch ab*. Vater! Vater!

Alle blicken auf Hildebrandt und den Bauern.

BAUER *noch immer*. Kenner! Kenner!
HILDEBRANDT *erhebt sich gewichtig*. Das is das Forsche! Das is das Forsche! Das is d'r Bauernstand! Gotlieb! Das giht nee raus. Das wull'n mir nee raus kriega bis a inse seliges Ende. Das is bei dam Madel grade au asu, Gotlieb! Ma' muß doch a Charakter festhal'n, Breitla! Was? Ma' muß doch a Charakter festhal'n, Ihr Leute. 's kimmt wie's kimmt!
BAUER *stehend vor sich hinstarrend*. Ich ha' mei Madel eemol Josepha gega'n – *Er setzt sich*.
HILDEBRANDT *fortfahrend*. Und das is bei Breitla' immer asu gewast. Was ma' hot, das hat ma'. Du hust Dich au nee erre macha lo'n. *Er stockt*. Wenn enner – wenn enner – a Charakter – *Er stockt*. Gotlieb –
MATTERN *fortfahrend*. Wenn enner a Charakter verschmeißt, a Mut verschmeißt, a Eegensinn verschmeißt, da is d'r Mensch verlor'n –
HILDEBRANDT *während er sich befriedigt setzt*. Ha' ich nee recht, Gotlieb?
BÄUERIN. Als wenn nee d'r Vater und's Madel aus Eegensinn gemacht war'n! O mein Gott, mein Gott, Du Du! Das hätta mir wull grade genung d'rfahr'n.
BAUER *auf den Tisch schlagend und unbändig*. An Freede ha' ich eemol! Ich wihl au dar Freede Ausdruck ga'n. Du hust keene Freede

Weib. Derentwegen mußt De halt a guden Wein ei Aerger runder werga.

JOSEPH *ruft.* Prosit, Vatter!

BAUER *ausgelassen lachend.* Mutter! da Thaler! da Thaler! Nee, Ihr Leute! ich muß Euch doch amol a Stickla vo menner Ahlen zum besta ga'n –

BÄUERIN *abwehrend dazwischen redend.* Fang ock a!

BAUER *betrunken lachend.* Da Thaler, da Thaler!

BREITE. Nee, Vater; das nee Das bringst De nee!

MATTERN. Ach, Gotlieb! Nee – erzahl ins ock lieber amol –

BAUER. Hahaha, die Geschichte vo Blumiga und dam Thaler. Hahaha.

BÄUERIN *gereizt.* Fang ock a'. Aber ich sa' D'r'sch. Ich ha' heute schun genung vo da Sacha, das sa' ich Dir! Freilich, asu verstell'n, wie Du kan ich mich nee!

BAUER. Hahaha – wie se mich hinga und vurne rim betroga ha'n, de Mutter und 's Jingerla! *Plötzlich aufgebracht.* Was hust Du wieder gesa't, Mutter? daß ich's genau wiß! Daß ich da Leuta au' amol was d'rzahl'n kan!

MATTERN. Nee – ach! Luß ocks Weib! Gotlieb! Und sa' ins lieber amol, wie Dir asu heute zu Mute is!

BAUER *erhebt sich.* Was? – Was? – Nu – ich ha' halt ee' Kind – das mir – ich ha' ee' Kind, – ee' Kind, das mir am Herza liegt –, denn, – a Kind, das mir am Herza liegt –. Was sohl ich Euch d'n sa'n –. *Strahlend.* Ihr saht ju mei' Madel! Ihr saht ju, wie se heute asu aussitt eim Kranze –! Und wenn ich se nu hiega' *Gerührt.* – da – wenn ich se nu hiega' – Was sullt ich d'n au macha? – Was? – ich – *Er setzt sich übermannt.*

SCHINDLERN *lebhaft.* Gotlieb! Auch der Mann muß Vatter und Mutter verlassen und an seinem Weibe hangen –

HILDEBRANDT *schreit lachend.* Wenn 'r an Vater hot! hahahaha! – Dei' Joseph – Dei' Joseph! A Vater kan dar nee gut verlussen, dar nie kenn' Vater gesahn hot –. Nee wuhr?

JOSEPH *emporfahrend.* Was ist? Was ist? – Heinrich? Sag noch einmal!

BREITE *ängstlich.* Joseph – ims Himmels willen Joseph!

JOSEPH *sprühend.* Ich habe keine Vatter. Ich bin fremd gezeugt und fremd geburn. Ich bin fremd gezogen und bin auch heite fremd unter alle Menschen. Denn Du grober Bauer – Du kannst mir nur

ganz fremd erscheinen, wie aus eine ganz andere Welt! Hust Du mich verstanden?
HILDEBRANDT. Ju ju, fremd gebur'n – hahahaha – das nennt ma' fremd gebur'n –
JOSEPH. Aber aus Liebe bin ich doch geburen! Wie der Vogel unter dem Himmel, su bin ich geburen. Wie das Fisch im Wasser, su bin ich geburen! Und ich bin nicht weniger ein Mensch gewurden, wie Deine Suhn und Deine Tuchter.
BREITE *sorglich zu Joseph.* Nee, Joseph – Joseph! *Zu den anderen gewandt.* Nee, ach – ich sa's Euch jitzt, war Josepha kränkt, kränkt mich. Ich ha' mir Josepha genumma – und ich ha' nee gefräu't –
HILDEBRANDT. Hahahaha, Breitla! – 'r is fremd geburen – und hot sich jitzte erscht an gude Heimat ausgesicht was, Schindlern?
BAUER *versucht sich aufzurichten, wobei er vor sich hinspricht.* Stille bist De! Stille bist De!
SCHINDLERN *mit unterdrückter Wut.* Macht mich nich biese, Ihr Leite!
HUHNDORF. Nee, Ihr Leute, wullt r d'n das Ding asu weit treiba.
JOSEPH *lachend.* Erzähl' doch, Mutter! Du kannst erzählen vur alle Leite, daß sie wissen –
SCHINDLERN. Ich? – Juseph?
EINIGE. Hahahaha – nee erzal's ock, Schindlern! das mußt Du ins amol d'rzahlen! Mach ock!
SCHINDLERN *wie gehetzt.* Was wullt Ihr? – – Was läßt Du mich nicht in Ruh mit sulche Reden, Juseph? *Zornig.* Wißt Ihr, ich habe meine Suhn in Mutterschoß getragen, wie jede andere auch. – Verstiht Ihr? Und wenn ich auch ausgestoßen war – und nicht wußte, wu immer ich ein Dach fand und gezogen bin hin und her in diese jämmerliche Welt. – Mein Herz hat auch in glihender Liebe geschlagen, ob kurz, ob lang. – Denn – denn – das Lange is sich kurz genug – und mit die Elle man kann die Liebe duch nicht messen. – Mein Herz hat damals auch in Liebe geschlagen, wie ich Deine Vatter liebte *Zornthränen übermannen sie.* und daß ich armes Harfenmädel war, das war mein Schicksal. Und daß mich einer nahm und wegwarf, das war mein Schicksal. – *Gesteigert.* Du bist aus Liebe geburen. *Sie beginnt gerührt zu weinen.* Ich habe zerrissenes Herz gehabt nach Deine Vatter, so gut wie Breite heite nach Dir. *Zornig.* Aber mir ist nix gewurden, wie Bauertuchter heite! Und ein ander Weib hat mich

rausgebissen aus alle Liebe, so hat sie mich gehaßt, die Hexe. Verstehst Du?

Der Bauer hat sich gesetzt und starrt besinnungslos vor sich hin.

EINIGE *gespannt.* Wer denn? Wu denn?
SCHINDLERN *zornsprühend.* Was? Wu? Wer? In der Welt – hier oder durt –. Is sich immer dasselbe. *Höhnisch.* Ich habe nicht gesessen mit Kranz im Haar, wie eine reine Jungfrau vur gruße Tafel. *Mit Pathos.* Ich habe einsam am Fluß gesessen und habe die Hände gerungen, ob ich nicht lieber das jammervulle Leben furtwerfen sullte, als alles ertragen.
BREITE *sich ratlos umblickend.* Schindlern – Schindlern – Du sullst sahn! – Joseph! – Ich wiß gar nee – Du, Joseph – ich sitze ei Ehren hie –? *Still und stark.* Ich wihl vur a Leuta au nischt scheinen, was ich nee bihn. Ich wihl vur a Leuta au nischt anders gelta, Schindlern! hierscht De! Ich wihl au' menn Kranz *Sie löst ihren Brautkranz aus dem Haar und legt ihn hin.* runder nahma, Schindlern, dar mir nimmeh zukam, daß Ihr'sch wißt –
BAUER *will sich müde erheben.* Ach wuhar ock, Breitla! Stille bist De! Stille bist De!

Franzel ist in der Thür erschienen und stehen geblieben.

BREITE *ohne auf den Bauern zu hören.* … daß Ihr'sch alle saht – Ihr sullt's alle wissa – ich ha' Josepha meine Ehre au ohne Besinnen hiegega'n – Schindlern – und ha' nach nischte wetter gefräu't – und hätte's au ertra'n missa, wenn'r mich und's Kindla unter menn' Herza –
EINIGE *durcheinander.* Ach! – Nee, Breitla! – Nee, Breitla!

Andere lachen. Die Frauen umringen Breite.

EINIGE *rufen.* Franzel! Franzel!
JOSEPH *ekstatisch.* Breite! Hahaha, Breite!
BAUER. Mei' Madel! Joseph! – hust's gehort! Mei' Madel!
JOSEPH *ekstatisch dazwischen.* Ich armer Knecht! Ich armer Teifel!

Hildebrandt lacht unbändig. Franzel steht regungslos an der Thür und sieht zu.

EINIGE *dazwischen.* Franzel! Musicke!
BAUER *dazwischen.* Mei' Madel! Die hot a Herze! Die hot Mut!
JOSEPH *wie vorher dazwischen.* Was könnt' ich sein! Was könnt' ich sein! Ich armer Knecht! Ich armer Teifel! Ein so guter –! Ein so kühner –! Es bringt mich ganz um mich selber – su was!
BAUER *dazwischen verächtlich gegen die andern.* De fercht sich vur Euch allen nee! – gar nee! – *Er sinkt müde zurück und schläft ein. Der Lärm ist verstummt.*
EINIGE *ungeduldig.* Musicke! Musicke!
EINIGE ANDERE *schreien noch einmal.* Franzel! Musicke! Musicke!
FRANZEL *lacht verächtlich.* Ich sull kummen? In Rauch und Lärm ich sull kummen? – und draußen die Nacht ist klar wie Krystall – und der Mond geht still über Welt – und Franzel schaut sich lieber in Mond, als in die alten Bauergesichter, die sind rut von Wein und Geschrei! *Sie geht zur Harfe.*
JOSEPH. Musik, Franzel! Musik!
FRANZEL *ohne Acht auf Joseph, lebhaft.* Du Hermann – weißt Du, Hermann, wie Franzel Kind war, Franzelkind hat sich vielmals gesessen vur Thür in armseliges Vatterhaus und hat angehimmelt König David in Mond, was sich sitzt mit d'r Harfe in Mond – und hat gebetten: Lieber, guter König David, luß Franzelkind auch sein gute Harfnerin, luß Franzelkind lernen Harfe schlagen, so schön wie Du in guldner Mond. *Sie schlägt einige Accorde an.*

Es tritt Stille ein.

HILDEBRANDT. Aber erscht mißt 'r mir noch amol ei'schenka, suste kan ich das Gewinsel nee ertra'n!
FRANZEL *gleichgültig.* Halt Dein Maul, Du Schwein! *Sie spielt eine melancholisch slavische Weise in Begleitungsaccorden durch.*
HILDEBRANDT *erhebt sich dazwischen und geht geräuschvoll hinaus.*
BAUER *mitten in die Musik, müde vor sich hin.* Mei' Madel fercht sich vur Euch allen nee! – gar nee! –
FRANZEL *spielt und singt.* »Dem mein Herz gehört, denk an ihn allein. Und er denket nimmer mein!«
EINIGE BURSCHEN *rufen in Franzels Musik hinein.* Doch asunes Trauriges nee!
BREITE *weint.*
ANDERE. Mir wull'n doch nee flenn'!

FRANZEL *unverwandt Joseph anblickend, während sie in Leidenschaft weiter singt.* »Ziehn die Wolken über mich dahin, möchte ich mit ihnen fliehn, weithin über Seen und Land, bis ich meines Liebsten Seele fand!« *Sie ist bleich geworden.*
JOSEPH *aufgeregt.* Franzel! – Franzel! –
FRANZEL *lehnt sich plötzlich wie vergangen zurück und flüstert fast.* Ich weiß nicht – ich weiß nicht – gebt mir Schluck – gebt mir Schluck –
FRAU GLUMM *Franzel beispringend.* Wasser! Wasser!
HILDEBRANDT *der eben eingetreten ist, umfaßt Franzel.* Ich war 'r lieber an Kuß ga'n. Da werd'r amol sahn, wie se wieder werd lebendig war'n –
FRAU HILDEBRANDT. Nee, Man!
FRANZEL *wütend.* Juseph! Juseph! Hilfe! Hilfe! – Heinrich! Du gihst! – *Sie ringt.*
EINIGe. Hildebrandt! Nee Heinrich!
ANDERE *lachen.*
JOSEPH *ihn zornig abwehrend.* Ein sulches Vieh!

Breite sieht ängstlich zu.

HILDEBRANDT *während er sich mit Franzel balgt, höhnisch.* Hahahaha! Gotlieb! – Gotlieb!
EINIGE. Gotlieb schläft.
JOSEPH *sucht Franzel zu befreien.*
FRANZEL *wehrt sich wütend.* Bauervulk! Bauervulk!
HILDEBRANDT *hat sie in die Nähe des Tisches gedrückt.* Was ock Gotliebs Schwiegersuhn noch das bihmsche Madel a'giht, mecht ich ock wissa! *Lachend und ringend.* Verstihst De mich! Bei mir kimmst De nee a'!
EINIGE. Heinrich – Du – Du läßt se!
FRANZEL *hat ein Messer vom Tische zu packen bekommen.* Ich beiße – ich schneide – *Sie bekommt einen Arm frei und bringt Hildebrandt, ehe er sie noch küssen kann, eine kleine Verletzung an der Hand bei, wobei er sie plötzlich los läßt. Franzel, das Messer wegwerfend.* Wer mir nahe kummt, den ich nicht liebe, ich schneide, ich beiße, ich steche!
HILDEBRANDT *sich seine Hand betrachtend.* Hahahaha!
JOSEPH *wütend.* Ein sulches Vieh!

HILDEBRANDT *forsch an Joseph herantretend.* Hahaha – a Vieh! – Was giht denn Dich iberhaupt das Harfamadel a'?
JOSEPH *verächtlich.* Du hust uns schun ganzen Abend die Suppe versalzen. Du Vieh. *Kochend.* Ich sag Dir, ich will Dir nur guten Rat geben –
FRANZEL *plötzlich wild lachend.* Juseph! – Juseph! Bauerweib wird halten! – Is sich wahre Liebe doch bluß eine Sach' wie Sturm, und übermurgen is sich vurüber wie Krankheit! Hahaha!
BREITE *fährt auf.* Franzel! Franzel! Du schamst Dich nee!
JOSEPH *wild.* Hahaha! Franzel! Franzel! Thu nicht zu gruß! Thu nicht zu gruß! Hahaha, man freit sich seiner Stunde und – wirft sie hin! Hahahaha, was giht denn nicht vurüber? – Du auch! Du auch! Hahaha! Mit Deine schwarzen Haare – und schließlich mit die weißen!
BREITE *erregt dazwischen.* Die schamt sich nee – Joseph! Was sa't die? – Das magst Du sa'n! – Du schlechtes Harfamensch! Asu was magst Du denka –
EINIGE *reden auf Breite ein.*
SCHINDLERN. Breite! Sie meint nicht schlimm! Sie meint nicht schlimm! Du kennst duch meine Juseph!

Sie sind um Breite beschäftigt.

FRANZEL *ohne Breite eines Blickes zu würdigen.* Juseph! Juseph! *Sie schwingt ihr Glas gegen ihn.* Du Abtrünniger!
HILDEBRANDT *dazwischen sie äffend.* Du – Du Abtrünniger! – Der Brautvater schläft. A Brautkranz braucha m'r d'r Braut nimmeh' runder zu nahma –
JOSEPH. Hahaha – Du wirst auch runzelig werden mit die Jahre – hahahaha – verstihst Du! verstihst Du! hahaha – wie die alten Hexen! – wie die alten Hexen!
HILDEBRANDT *dazwischen lärmend.* Da kinn'n m'r ju au ei's Bette gihn.
ANDERE. Wer werd ock jitzte schun ei's Bette gihn! Zu Eberesch-Glumm gihn m'r. Zu Eberesch-Glumm gihn m'r! *Sie suchen nach ihren Sachen.*
FRANZEL. Hahaha! – Weil sie Kind hat, su nimm sie hin! *Wild lachend.* »Sie nahm das Gläslein in ihre Hand und brach's in der Mitte entzwei! hahaha! Sieh hier, sieh hier, Du junger Knecht –«

JOSEPH *hastig zur weinenden Breite gewandt.* Was weinst Du? Was weinst Du?
FRANZEL *Joseph verächtlich das Glas klirrend vor die Füße werfend.* »Hier hust Du meine Trei!« *Lachen und Lärmen.*
EINIGE *rufen.* Zu Eberesch-Glumm gihn m'r! Zu Eberesch-Glumm gihn m'r!

Es ist alles im Aufbruch. Schindlern und Franzel haben Harfe und Fiedel ergriffen und spielen als »Kehraus« eine wilde Tanzweise. Während welche gehen, drehen sich andere.

JOSEPH *wie die Musik verstummt, ruft stürmisch.* Ihr Leite! Ihr Leite! Zur Bethausschenke giht's! Zur Bethausschenke giht's!
BÄUERIN *am Bauern rüttelnd.* Vater, die wulln noch ei de Bethausschenke gihn. – Ihr wullt au noch mite gihn, Ihr Beeda?
BREITE *sich resolut die Thränen trocknend.* Wenn's Joseph wihl, gih ich grade mite, Mutter.

Auch die alte Schindlern und Franzel verschwinden.

BÄUERIN *ihrer Tochter ins Stübel folgend.* Da war ich D'r wenigstens die guda Sacha bei Seite lä'n, Madel. Da kumm ock.
BREITE *von der Stübelthür zurücksprechend.* Wart', Joseph, ich kumme glei'.

Beide ab, die Stübelthür schließt sich hinter ihnen.

MATTERN *mit Frau Kretschmer als letzte abgehend.* Der Brautvater hot's beste Teel d'rwahlt. Ich gih au schlofa.

Das Zimmer hat sich geleert.

JOSEPH *allein, steht vor dem schlafenden Bauern.* Wachen Sie auf, wachen Sie auf, Herr!
BAUER *brummt gutmütig vor sich hin.*
FRANZEL *kommt scheinbar gleichgültig etwas Vergessenes eilig suchen.*
JOSEPH *leise und scheu.* Franzel!
FRANZEL *kalt.* Juseph?!
JOSEPH *hat sich ihr unschlüssig und nach dem Stübel horchend genähert.*
BAUER *redet im Schlaf unverständlich.*

FRANZEL *leise höhnisch lachend.* Den habt Ihr urdentlich in Schlaf gewiegt – den grußen Gotlieb – Deine Alte und Du –
JOSEPH *leidenschaftlich bebend.* Franzel! –
FRANZEL *entgegenkommender, gedehnt.* Was?
JOSEPH *faßt sie stürmisch in seine Arme und küßt sie. Sie läßt es ruhig hingebend geschehen. Im nächsten Augenblick fährt Joseph auf.*
FRANZEL *flüstert leidenschaftlich, fast zärtlich.* Is sich wahre Liebe doch bluß eine Sach' wie Sturm – und ibermurgen is sich vurüber wie – Seligkeit! *Mit einer sorglichen Geste aufs Stübel hastig leise.* Juseph! Juseph! Ich gih. *Franzel eilt hinaus.*
BAUER *brummt im Schlafe vor sich hin.* Und mei' Madel ha' ich eemol Josepha gega'n –

Der Vorhang fällt. 93

Fünfter Akt

Personen

Gottlieb Ephraim.

Beate Ephraim.

Joseph Schindler.

Breite Schindler, geb. Ephraim.

Vater Jakob, ein alter Handelsmann.

Tine.

Ephraims große Stube.
Ein reichliches Jahr später.

Ephraims große Stube. Es ist frühzeitig lange vor Morgengrauen. Die Stube ist dunkel. Nach einer Weile wird die Stübelthür von draußen behutsam geöffnet.

Erste Szene

BAUER EPHRAIM *erscheint halbbekleidet, im Begriff, leise horchend zur Stubenthür zu gehen, die er ebenfalls behutsam öffnet. Wie die Thür knarrt, merkt man, daß sich auf dem Backofen hinter dem Herd jemand in Betten herumwirft.*
VATER JAKOBS *eines russigen, runzeligen Alten Stimme murrt herunter.* Is d'n gar kee bißla Ruh meh ei dam Hause hie? *Sein Kopf wird vom Backofen herunter sichtbar. Er bemüht sich, etwas zu erkennen.* War is' dn? War is' d'n?
BAUER *hinaushorchend.* Pst!
VATER JAKOB. 's is doch jemand hie! *War denn? War denn?* Ich kan's nee sah'n!
BAUER. 's war wieder amol an sune Unruhe – uba bei da Junga! Und ich horte au das Jungla schrein. *Er horcht noch immer.* Hirscht Du was?

VATER JAKOB. Nu Jeses! ju ju! 's is werklich, als wenn's nimmeh gar richtig wär ei Denn'n Hause. Au a' das Kettarasseln vo da Kihen bihn ich gar nimmeh gewehnt. *Er horcht auch.* Nee, was werd's d'n gruß sein, Gotlieb.

BAUER *dumpf.* Se liffa immerfurt hie und har – Und se liffa schun nächten immerfurt hie und har. Ich dächte, wie mir gestern Obend spracha, 's wär au ees a paarmol nausgelaufa ei de Winternacht.

VATER JAKOB. Nee Gotlieb. Du söllst werklich nee asu schreckhaft sein. Gih ock wieder eis Bette. Du werscht Dich ubadrein noch recht verkälta, wenn De asu eim Blußa stihst!

BAUER. Iber insen Stibel hiert ma's besser. Se schlofa doch iber ins. *Er horcht noch immer.* Ich hierte au das Jungla schrein! – Aber nuf wihl ich nee gihn.

VATER JAKOB. Ach, Gotlieb! Was könnt'n das au nutza!

BAUER. Nu ebens. Nuf wihl ich au nee gihn. Denn wenn ich wieder amol asu d'rzune kumme –Du wißt schun, wenn ich wieder amol mit menn' eegna Auga d'rzune kumme – *Aufwallend.* a Pirl nahm' ich und schla' a lsa ei! *Dumpf.* 's derwergt mich asu noch manchmol bahle.

DER BÄUERIN STIMME *plötzlich aus dem dunklen Stübel.* Vater! Nee Man? Du werscht de Nachtruhe darba – wegen da Junga –! *Sie hat Licht gemacht.* Wu bist d'n hie?

BAUER. Ach! Ich ha' wie tut geschlofa – und bihn ock uf eemol wach gewor'n.

VATER JAKOB. Gih ock wieder schlofa, Gotlieb Du werscht d'r mit da junga Leuta noch a Tud hul'n!

BÄUERIN *räsonnierend.* 's is ju iberhaupt erscht viere. An Stunde kinn'n m'r gut noch Ruhe ha'n. Das wär asu a Gemahre. Gih ock wieder amol nuf zu da Leuta, daß De's wieder hier'n mußt: Mir Ahla wollta ock immerfurt rin und nim hurcha und lauern und da Junga gar kee bißla Ruhe ga'n. Ich dächte, Du wößtest, was de Breite fir a luse Maul hot iber die Sacha.

BAUER *erregt.* 's Madel hot ganz recht daß mir ins nee neimenga derfa. 's kan ock bieser war'n, wenn de Ahlen au noch immer mite werga. Mit Schimpfa und Zanka muß asu was immer bieser war'n. – *Düster.* Mir graut au manchmol. Ich kan's nee ändern. *Wieder erregt.* 's Madel hot ganz recht!

BÄUERIN. Nu ju ju! Die werd schun recht ha'n! *Sie löscht das Licht zornig wieder aus.*

VATER JAKOB *beginnt vom Backofen herunterzuklettern.* 's is m'r gar nee recht! 's is n'r gar nee recht!

BAUER *schließt die Stubenthür.* Ma' hiert nischte meh. Ich war ock wieder schlofa gihn. *Er geht zum Stübel.*

VATER JAKOB *sich auf die Ofenbank schwingend.* Nu, ich stünd freilich au nee uf, wenn ich nee da weita Weg noch vur mir hätte. *Die Stübelthür wird geschlossen.* O, meins, meins! *Er entzündet ein Thranlämpchen und daran seine kurze Pfeife, die ihm dicht an der Nase hinaufbrennt. Er macht sich auch immer wieder mit der Pfeife zu schaffen, während er sich phlegmatisch vollends anzieht. Nun lacht er kopfschüttelnd vor sich hin und murrt.* O Du himmlischer Vater! Viel hundert Lusta ha'n mir asu hie geha – und nu is das asu gewor'n! Ma' söllt's manchmol gar nee gleeba!

Zweite Szene

TINE *kommt, eine Laterne in der Hand, mit noch verwirrtem Haar.* Vater Jakob, ich war Euch flink a Neegla Kaffee macha. *Sie geht zum Feuerloch.*

VATER JAKOB *an seiner Pfeife beschäftigt.* Ach, a' Pfeifla thut's au. – Nee, bist De d'n au schun uf, Madel? Zu was denn?

TINE *aufgeregt.* O, ich bihn iberhaupt nee gruß zum Schlofa gekumma! Dar ewige Kummer vo dam junga Weibe! Ich ha' doch missa de ganze Nacht bei'ner sitza!

VATER JAKOB. Was denn? Was denn? Hot's d'n werklich was gega'n?

TINE. Nu do! Ihr ha't nächten stille bei da Ahlen gesassa. D'rweile sein mir hie und har gelaufa eim Durfe und ha'n a gesicht – a Joseph.

VATER JAKOB. Nee 's wär wull gar – gesicht a Joseph!

TINE. 'r is noch nee d'rheeme. – Aber asu tulle, daß 'r de ganze Nacht nee heemkimmt, hot 'r'sch au noch keemols getrieba! *Sie hat aufgezündet und geht zum Röhr.*

VATER JAKOB. Nu ju ju. Ich muß halt asu frih ufstihn, suste bihn ich bei dam tiefa Schnie zu Mittige nee d'rheeme. – *Vor sich hin.* Ich ducht m'r schun asu was! Ich ducht m'r schun asu was!

TINE *am Röhr hantierend.* 's is weeß Gott, als wenn dar Joseph wie an richtige Gewalt hätte iber das Weib. – Aber die gleebt's nee – Die gleebt's nee! Die thut alles fir da Man.

VATER JAKOB *sich seinen Pack zurecht machend.* Prill ock nee asu! Daß die Ahla noch a wing schlofa kinn'n. Denn Kummer und Surga macha mide.

TINE. Ach, wenn die ei da dicka Betta liega, di hier'n's nee. *Erbittert weiter.* Die thut alles fir da Man. Ma' sitt'r doch niemols kenn' Mißmut a'. O Jeses, was dar Joseph sa't, muß gemacht war'n. D'r Vater darf iberhaupt nimmeh nuf kumma. *Höhnisch.* Suste kinnt's amol gar lusgihn. Das leid'se nee. Das leid' de Junge nee. – Aber de Schindlern kimmt.

VATER JAKOB. 's is m'r gar nee recht. 's is m'r gar nee recht. – Ne, wenn ich friher amol kam, da saßa die Ahla und die beeden Kindla – bis ei de Nacht saßa se manchmol, da ha' ich doch missa wer wiß was derzahl'n. Nu is d'r Suhn bei Fremda – nu do! nu do! Und der Gotlieb is gar sihr a wunderlicher Man gewor'n.

TINE. Als wenn ma' sich's nee hätte glei denka kinn'n, wu dar Joseph schließlich wieder hieleeft. Seit das bihmsche Madel wieder runder is vun a Bauda –

VATER JAKOB. 's is m'r gar nee recht, daß ich mit sulcha Gedanka uf menn' eisiga Weg 'naus muß. *Er will seine Hucke aufnehmen.* Die junga Leute sein doch ei da Oberstuba eigericht' schinner, wie die Ahlen hie unda! Se ha'n das niedliche Jungerla –

TINE. Se kinnta alles ha'n! Aber nee, Joseph muß zu dar Bihmscha laufa. *Lachend.* Nu 'r amol gar nimmeh heemkimmt, werd se's wull endlich sahn – de Breite – daß *dar* sich aus dar grußa Wertschoft und Weib und Kinde an Quarkspitze macht – das werd se wull endlich amol eisahn.

VATER JAKOB. Hilf m'r amol menn' Packs uf a Ricka nahma. – Sich ock Tindla! Senn' Packs muß jedes freudig tra'n, wenn 'r ock nee gar zu schwer werd. *Er geht.* 's is m'r gar nee recht! 's is m'r gar nee recht.

TINE *schiebt ihm beim Gehen eine Flasche in die Rocktasche.* Hie a Tröpla Kaffee uf a Weg!

VATER JAKOB *ohne sich zu wenden.* Ha' vielmols Dank, Madel! Und sa' au Gotliebs Leuta Dank fir de Herberge. Zum Frihjuhr käm' ich amol wieder.

Tine leuchtet ihm hinaus. Beide ab. Die Stubenthür bleibt offen. Man sieht sofort im Hausflur Breite den Abgehenden nachschleichen.

Dritte Szene

Im nächsten Augenblick huscht Breite, verwacht, notdürftig gekleidet, scheu ins Zimmer zurück, als wenn sie vor etwas erschreckt sich verbürge. Darnach leise Tritte im Hausflur, und Joseph erscheint geräuschlos an der offenen Stubenthür.

JOSEPH *starrt Breite lange an.* Was machst Du hier?
BREITE *regt sich nicht; fröstelnd.*
JOSEPH *kommt über die Schwelle, gedämpft.* Die schlafen! Die schlafen! *Er wendet sich wieder zur Thür.* Sprich kein Wurt – und kumm! – Fir Dich es wäre weiß Gott auch besser, daß Du bei Deinem Kinde bliebst – und mir nicht ewig wie ein Hund auf die Fersen wärst. Verstihst Du!
BREITE *hastig.* Joseph –
JOSEPH *kalt abwehrend.* A! luß mich, verliebtes Weib.
BREITE *ratlos in sich hineinfröstelnd.*
JOSEPH *blickt verächtlich an den Wänden herum.* Was machst Du eigentlich hier? *Plötzlich befehlerisch.* Kumm hinauf! Du hust hier nichts zu suchen!
BREITE *unbeweglich.*
JOSEPH *starrt sie wieder an.*
BREITE *gehetzt.* Joseph, wu warscht Du?
JOSEPH *höhnisch.* Jajajaja, das möchst Du wissen! Das glaub ich! *Erbittert.* Ganzen Tag an der Kette liegen – und fir Eich schuften – und nich mal abends sullen bissel Freiheit kusten! Das glaub ich! *Er ist ins Haus getreten. Hart.* Kumm hinauf!
BREITE *sich plötzlich an ihn hängend.* Joseph, ich ha' doch an sune Angst ausgestanda – ha' ich – daß De mich und's Jungla de ganze Nacht asu alleene –
JOSEPH *verächtlich.* Ach, häng' Dich nich su an mich, verliebtes Weib. Ich hab Dich satt!
BREITE *ratlos starr.*
JOSEPH. Du willst wull den stillen, schleichenden Alten aufstacheln gegen mich? – *Gedehnt.* Was? *Er geht ins Haus.*

BREITE *unbeweglich an der Thür.*
JOSEPH *stößt sie leicht ins Zimmer zurück.* Su bleib, bleib, bleib! Verstihst Du! Ich hab Eich satt! *Man hört noch, während er die Treppe hinauf verschwindet.* Ich hab Eich satt!

Unterdessen erscheint Tine mit Laterne vom Stall.

Vierte Szene

BREITE *hängt sich plötzlich leidenschaftlich an Tine.* Tindla! Tindla! – A – a – a – *Sie bekommt keinen Atem.* Du mußt – Du mußt – Du mußt – Tindla – Du mußt –
TINE *hastig.* Was denn? Nee, was denn?
BREITE. Du mußt mir – Du mußt mir – meins, meins, meins! 's is aus! 's is aus! 's is aus!
TINE. Nee, was is d'n? Was is d'n?
BREITE. 's is aus! 's is aus! 's is aus!
TINE *energisch.* Nee, Jeses! Junge Frau!
BREITE *schauerlich.* Und d'r Vater – d'r Vater – d'r Vater –
TINE. Was is d'n mit'n Vater?
BREITE. Wenn's d'r Vater alles hiert –! 's sohl – kee Unglick war'n! O – o – o –!
TINE *sie rüttelnd.* Breitla! Breitla! Kumm zu'n D'r! Kumm zu'n D'r!
BREITE. 'r hot ins furtgestußa!
TINE. War denn?
BREITE. D'r Joseph – d'r Joseph – 'r hot mich und mei Kindla furtgestußa –
TINE *aufgeregt.* Nee, da ruf ich doch aber weeß Gott – *Sie will ins Zimmer zum Stübel eilen.*
BREITE *leise flehend, wie halb besonnen sie zurückhaltend.* Tindla! Tindla! – *Tine bleibt im Hause stehen.* Ich mag nimmeh! – Sihste! – Du – wißt's ju! *Verändert weich im Ton.* Ach nee, nee! Du kaust D'r'sch ju nee asu denka! *Wie heimlich ihr was anvertrauend.* Mei Joseph – *Wieder klagend.* wenn 'r asu heemkimmt! –
TINE *resolut.* Nu kimmst De ei de Stube und setzt Dich uf de Ufabanke. Ich war d'r flink a Neegla Kaffee ga'n, daß De a wing zu Verstande kimmst. *Breite sitzt nun. Tine hantiert am Röhre.* Du mußt Dich doch au a wing zusammanahma. *Sie giebt ihr aus einem Töpfchen*

zu trinken. Nu trink! immer trink! *Während Breite trinkt.* Ebens is d'r Vater Jakob 'naus uf a Weg. Dar ließ Euch au noch alle grissa!

BREITE. Mei Joseph – wenn 'r asu heemkimmt! Ich war D'r was sa'n, Tindla – 'r hot – 'r is ju de ganze Nacht nee heemgekumma! – 'r hot bei dar Fremda – bei dar Fremda – hilf m'r, Tindla, ich wiß mir kenn' Rot meh –

TINE. Wenn De nu nee stille bist und wieder nufgihst. 's kan en'n ju Angst und Bange war'n – bei dam Gerede! – Du trinkst noch amol! *Sie trinkt.* 's werd D'r ju besser war'n!

BREITE *darnach ruhiger.* Ich wiß nu –. Fir mich is kee anderer Rot – Ich – Ich – *Wieder in Klage.* Tindla – 's is aus! 's is aus!

TINE. Hust d'u was Genaues gehort?

BREITE. Hahaha – ich – und das nee merka, wenn uf eemol alles tut is! Ich – und das nee merka, ob 'r noch ei Liebe kimmt! *Unheimlich.* Ich wihl keene Hurenkinder ha'n! Ich wihl keene Hurenkinder ha'n! *Sie erhebt sich scheu.* Nee nee! Ich war – Gih ock! Gih ock! Ich war schun –

TINE. Wu willst De hie?

BREITE. Gih ock! Gih ock! Luß mich ock a wing frische Luft –

TINE *sie energisch haltend.* Du blei'st! Suste ruf ich de Ahlen – *Sie ruft einmal.* Frau –

BREITE *wütend.* Nee nee! D'r Vater – d'r Vater –! Wenn Du rufst, wenn Du rufst! Ich erwirg Dich –

TINE. Nu Jeses! Da brauchst de gar nee asu grob zu sein!

BREITE. Wenn d'r Vater! Wenn d'r Vater –! Ich fercht mich doch asu! Ich mechte doch nee ha'n, daß d'r Vater erscht was merkt!

TINE. Da gih aber wieder nuf und ruh Dich noch a wing aus! Das is doch's allerbeste!

BREITE *im Gehen nach oben stehen bleibend.* O meins, meins! meins! *Weinend.* Ich wihl keene Hurenkinder ha'n! – Ich wihl keene Hurenkinder ha'n! *Sie trocknet ihre Thränen plötzlich.* Tindla – *Lieblich.* 's is asu schien, wenn ma' en'n zum Herz springa gerne hot – das wißt Du nee! *Lächelnd.* Ach, das wißt Du nee! – Wißt De –! *Sie versinnt sich.* ich bin asu tumm – ich – Du wißt ju – ich – ich – Ju, was denn? – *Lächelnd.* Nee nee, ich war m'r nee erscht gruß 's Herze schwer macha!

TINE. Nu ebens! Da gih Du nuf und ruh Dich endlich a wing aus!

BREITE *unheimlich*. Jitze – schläft a – a schläft – Dar schläft feste – Nee nee! *Unheimlich leise*. Ich mag doch nimmeh! Wenn 'r asu heemkimmt! Wenn 'r asu frustig is! *Aufgeregt*. A andrer is 'r! A andrer is 'r! Ich mag mich nimmeh neber a lä'n! Ich scham' mich.
TINE. Du gihst nuf!
BREITE *klagend*. Ich wiß ju, wuhar 'r kam! *Weinend*. Ich wiß ju, wuhar 'r kam! O meins! o meins! o meins! Ich bihn weggeschmissa! Ich bihn weggeschmissa – und niemand kan meh halfa –
TINE *sie haltend*. Iberhaupt stiht de Mutter schun uf.
BREITE *sich plötzlich losmachend*. Luß mich! Luß mich! *Sie flieht unversehens zum Hofe hinaus*.
TINE *ruft ihr nach*. Breitla! Breitla! *Dann kommt sie aufgeregt zurück und klopft an die Stübelthür*. Frau! Frau!

Fünfte Szene

BÄUERIN *kommt aus dem Stübel. Dumpf*. Was hot'r d'n immerfurt zu murmeln und zu reda hie?
TINE. Jeses! Jeses! Aber die junge Frau! Nee, wie die is! Die is asu ufgeregt 'nausgelaufa!
BÄUERIN *gleichmütig*. Die werd schun wiederkumma! *Sie geht an den Herd*.
TINE. Nee nee, aber asu ha' ich se doch noch keemols gesahn – Frau –
BÄUERIN. Was?
TINE. D'r Joseph is doch de ganze Nacht nee heemgekumma.
BÄUERIN *gleichmütig*. Is 'r d'n wenigstens nu do?
TINE *hastig*. Springa's ock amol 'naus zu ner, Frau. Ju ju, do is'r! – Nee, wenn ma' se asu hiert, wie die sich aber härmt im da Joseph –
BÄUERIN *verächtlich*. Wie ma sich bett', asu lei't ma. – Ich ha' 's 'r hundertmol gesa't, wie's kumma muß. – Da Kerl werd sich aus Wertschaft und Weib und Kinde an Dreck macha. *Sie hantiert am Röhr*. Hust D'n 'm Vater Jakob a Neegla Koffee uf a Weg mite gega'n?
TINE. Freilich ha' ich 'n was mite gega'n.

BÄUERIN *resolut*. Nu da mach, daß de ei a Sta'l kimmst. Das werd 'm Madel noch ufte asu gihn! A Junga ha'n se naus getrieba! *Sinnend vor sich hinlachend.* De ganze Nacht nee heemgekumma! 's hiert gar uf! *Höhnisch.* Nu! Da werd'r amol gar bei dam Harfamensche geblieba sein! *Sie ist an den Tisch gekommen und stellt Tasse, Zucker, Brot und Butter zurecht. Tine ist unschlüssig verschwunden. Die Bäuerin ruft.* Vater! kanst kumma! Ich stell a Koffee hie!

Sechste Szene

BAUER *kommt aus dem Stübel und setzt sich an den Tisch.*
BÄUERIN *trägt einen Topf Kaffee auf den Tisch und gießt ein.*
BAUER *sitzt stumm.*
BÄUERIN *stellt sich trinkend daneben.*
BAUER *dumpf.* s' war doch an sune Unruhe eim Hause!
BÄUERIN. Bei ins werd wull noch manchmol an Unruhe sein! Das wär a Wunder!
BAUER *am Kaffee schmeckend.* Dar Koffee – dar Koffee? Was hust D'n mit dam Koffee gemacht?
BÄUERIN. Nee, was sohl ich d'n gemacht ha'n? Ich ha reenes Wasser genumma – und Kernla, wie immer. Das werd wull a' Dir liega.
BAUER *stößt seine Tasse fort. Nach einer Weile.* Ich ha' weeß Got noch amol geschlofa! – Aber wie ich ufwachte – ei d'r Nacht – hiert ich doch das Jungla schrei'n – und se liffa hie und har – 's war iberrhaupt an sune Unruhe eim Hause. Hot's etwa mit'n Jungla was gega'n?
BÄUERIN. Ach, wuhar ock! De Breite is ju runder!
BAUER. 's Madel is runder!?
BÄUERIN *höhnisch.* De junge Frau is runder – und dar junge Herr Joseph werd wull erscht 'nuf sein.
BAUER *gleichgültig.* Was?
BÄUERIN. Dar Herr Joseph werd wull heute amol gar bei dam bihmscha Harfamensche genächtigt ha'n!
BAUER *wie aus einem Traum erwachend.* Was sa'st Du? Mutter?
BÄUERIN. Nu freilich! Asu is au. Aber daß Du noch amol urntlich neifihrscht ei das Gesindel! Nee nee! D'r Vater darf nee nuf kumma, das muß alles immer asu zahm gihn, wie's die Junge ha'n wihl. 's

kinnte ju amol a wing an Strauß ga'n. Denn *die* werd sich immer noch eibilda, daß Wunder kumma. Nu hot se ihr Wunder. Und das werd noch immer asu weiter gihn.

BAUER *gedämpft in sich hinein.* Ephraim's Gotlieb! Bist De d'n nimmeh d'rheeme? Sein D'r d'n de Adern schun asu treuge gewor'n, daß De Dich nimmeh ufraffa kanst! *Mächtiger.* Was werd' noch immer asu weiter gihn, Mutter?

BÄUERIN. Oh! Fräu ock's Madel salber! – D'r Joseph is doch ebens de ganze Nacht nee heemgekumma.

BAUER *mächtiger.* Mutter! Mutter! – Ich war uf eemol asu sahend. Ich war uf eemol asu sahend. War ich d'n werklich d'r Pauer nimmeh? *Immer zorniger.* Ha ich jitzte nimmeh Macht, zu thun und lussa, was ich wihl? *Er hat sich erhoben.* Ich war mei' Haus reeniga! Ich war mei' Haus reeniga! Ruft m'r Josepha! Ruft m'r mei' Madel! *Tine ist herbeigeeilt.*

BÄUERIN *ängstlicher.* Tine, ruf amol 's Madel!

BAUER. Wu is se hie?

TINE *weinend.* Se wullte – se rannte – se hatte doch asu geflennt – *Ab.*

BAUER *noch wie vorher.* Hahaha –! Ha' ich dam Gesindel a Hof ufgethan, daß se mir de Schande ei's Haus lussa! – Mutter! Ruft m'r Josepha! Ruft m'r mei' Madel!

BÄUERIN *rufend.* Tindla – wu is se denn? – Jeses! Jeses! *Ratlos ohne zu gehen.*

Siebente Szene

Man hört die Treppe gehen.

JOSEPH *kommt lässig aus der Oberstube.* Was ist? Was ist?

BAUER *rennt schreiend hin und her.* Mutter, sicht' m'rsch Madel!

Bäuerin eilt hinaus.

JOSEPH *unnahbar starr.* Ja aber – wu ist Breite? Wu ist sie hin? Sueben war sich duch hier. Wu ist sie hin?

BAUER *hält sich auf und abrennend die Ohren zu und schreit.* Sicht's Madel!

JOSEPH *kalt lachend.* Wu kann sie sein!

BÄUERIN *kommt klagend herein.* O mein Gott! mein Gott! Tine werd se schon brenga. –

BAUER *schreiend.* Sicht's Madel! *Bäuerin eilt wieder hinaus. Bauer geht auf Joseph zu.* Wu is mei' Madel? Wu is mei' Madel? *Er schüttelt ihn.*

JOSEPH *kalt lachend.* Bitte, ich hab' sie nicht in meine Tasche.

BAUER *hat Joseph wieder losgelassen.* Macht mich nee rasend, Ihr Leute. Macht mich nee rasend!

JOSEPH. Ich weiß gar nicht, was hier vurgeht? Was fällt das Weib ein? Was fällt Eich ein?

BAUER *grinsend.* Wu bist D'n gewa'n? Wo bist D'n de ganze Nacht iber gewa'n?

JOSEPH. Hahaha –!

BAUER *greift ihn plötzlich und drückt ihn auf die Ofenbank nieder, indem er schreit.* An Strang wihl ich ha'n! An Strang wihl ich ha'n! *Er schüttelt ihn.* Ich ha' D'r mei' Madel ock unter de Fisse geschmissa – ich – ha' – Dir – mei' Madel – ock – unter – de – Fisse – geschmissa –

JOSEPH *ganz eisig dazwischen.* Bitte Thu, was Du nicht lassen kannst. Du denkst sicher, mir ist su wuhl bei Eich. Ich werd Dir sagen, Bauer! Su wuhl wie Dir, wenn Du zerwihlt bist, wie jitzt – su wuhl ist mir auch.

BAUER *schreit dazwischen.* An Strang wihl ich ha'n! An Strang wihl ich ha'n! Ich wihl da windiga Schwalbafänger amol feste binda, daß 'r sich nimmeh' kan vum Blecke rihr'n!

JOSEPH *reglos.* Su erschlag mich! Erwürg mich! – Bitte! – Ich werd – das – Elend – lus – sein –

TINE *ist klagend hereingekommen.* Ich war au am Stegla dunda! 's kan se kee Mensch finda –

BAUER *unvermittelt. Joseph loslassend und mit kläglichem Tone hinausstürzend.* Sicht mei' Madel! *Ab.*

Achte Szene

TINE *tritt weinend an den Herd.* O Jeses! Jeses! Mir klappern de Zahne. Ich ha's 'r ju a'gemerkt! Ich wullt se ju nee furtlo'n.
JOSEPH *ohne acht auf Tine. Kochend.* Auf Schritt und Tritt dieses liebende Weib auf die Fersen! Auf Schritt und Tritt diesen unheimlichen Alten auf die Fersen!
TINE. Weeß Gott, Joseph. Du bist doch a schlechter Kerl.
JOSEPH *hart.* Ach was! Was verstihst Du! – Gieb Kaffee! Man wird hungrig und durstig, wenn man su brennt in Leidenschaft und Kummer und Haß.

Tine giebt ihm Kaffee. Er trinkt.

JOSEPH *leicht.* Tine! Die Geschichte is vun Teifel gemacht. Hahaha – das Leben ist ein Narrenspiel! Und ich bin grußer Narr – hahaha – grußer Narr –!
TINE *in plötzlicher Aufwallung ihre Beschäftigung wieder beiseite werfend.* Jeses! Jeses! Wenn die de junge Frau nee finda! – Die war asu erre! Se sprach asu erre! Se werd' sich doch ja nee ha'n was a'gethan?! *Sie will hinauseilen.*
JOSEPH *in ahnungsvollem Schrecken, während er sie fest hält, abgerissen schreiend.* Was? – Sag! – A! – doch nicht! – doch nicht! – Es kann nicht –! *Er steht starr an der Thür, während Tine hinauseilt.* Es kann nicht –!
BÄUERIN *kommt in größter Aufregung hereingejammert.* O – O – ich wihl nischt meh hiern –!
JOSEPH *schreiend dazwischen.* Breite, Breite!
BÄUERIN *ins Stübel eilend.* Ich wihl nischt meh' hiern! – *Ab.*

Man hört im Hause Rufen und Rennen. Dann des Bauern Tritte.

JOSEPH *ist an der Ofenbank in die Ecke gesunken und starrt nach dem Hausflur.*

Neunte Szene

BAUER *erscheint in sich versunken in der Thür und starrt Joseph lange an.* Kumm rei', Madel!
BREITE *folgt ihm und setzt sich auf die Sandbank, indem sie plötzlich in Thränen ausbricht, die sie sofort wieder trocknet.*
JOSEPH *starrt auf Breite.*
BAUER *zur Tine, die sich auch hereingedrängt hat.* Und Du – gihst ei a Sta'l, Tine! *Streng.* Und machst au de Thire hinger D'r zu! *Tine geht.* Verstihst De mich! *Die Thür wird geschlossen.*
JOSEPH *wie erwachend, weich.* Wu warst Du?
BREITE *hart.* Du sichst mich wull?
BAUER *feierlich bebend.* Und nu – kimmt de Reihe endlich amol a' Dich – Du
BREITE *mit Kraft.* Vater, Du läßt a! Dir hot'r nischt gethan. A mir is, zu reda! – *Zu Joseph gewandt.* Aber mir beeda sein nu a de Grenze gekumma – mitsamma! Verstihste mich, Joseph!
JOSEPH. Was?
BREITE. Ich ha' Vater und Mutter weggeschmissa im Dich! Du hust mich asu weit gebrucht. – Ich war eim besta Gange, mich salber wegzuschmeißa! – Asu weit hust Du mich gebrucht. – 's fill m'r noch zu rechter Zeit 's Jungla ei'!
BAUER *aus der Tiefe.* Madel! Sprich! Asu sohl's wuhr sein! Asu sohl's wuhr sein! Und Kenner sohl woga, ock a' en'n Worte zu rihr'n –
BREITE. Vater! Kumm a de Arbeit! *Zu Joseph.* Gih a' Deine Arbeit, Joseph. Ich wihl a' meine gihn. *Bäuerin guckt scheu zur Stübelthür herein.* Ader meine Thränen sei'n vertreugt ei dar kalta Winternacht Ich ha' meine Ruhe noch amol gefunda. – Ich war keene Thräne meh' flenn' im Dich. *Höhnend.* Du sichst mich wull? Du werscht mich nu 's Laba lang nimmeh' finda. Daß De's wißt! Und's sohl mich nimmeh' kimmern!
JOSEPH *sich aufrichten.* Was sull das, Breite? *Er kommt ihr näher.*
BREITE *voll Verachtung.* Kumm m'r nimmeh' nahnde. Du hust m'r endlich amol a Licht a'gezund ei menn' Sinne, daß ich's gesah'n ha', wuhie ich gekumma bihn! – Nu sollst De au' wissa, war *ich* bihn. Zu an' Felssticke bihn ich gewor'n ei dar Nacht. Gleeb's ock!

JOSEPH. Breite! Breite! *Er kommt ihr wieder näher.* Su rede duch mal bissel verninftig! Verstihst Du!
BREITE. Kumm m'r nimmeh' nahnde. Du wißt nu, war ich bihn. – Ich ha' weeß Got schun manches im Dich ertra'n! *Leicht in Thränen, die sofort wieder versiegen.* Nu war ich *die* Schande au noch tran *Sie will eine Beschäftigung ergreifen. Der Bauer starrt sie groß an. Bäuerin ist allmählig leise vollends hereingekommen und weint.* Vater, nu war'n m'r a de Arbeit gihn. 's Viech hingert schun. – Mit Gewalt feste macha, was flichtig is und doch nimmeh kan mir gehier'n – nee! – das gewiß nee! Asu verblend't wull'n m'r nimmeh sein. *Sie wendet sich wieder zu dem reglos dastehenden Joseph.* Du kanst nu hiegihn, zu wan De willst. Immer gih zu dam Harfamadel – Tag und Nacht! – Du kanst wegen menner au hie bleiba. *Stolz.* Ich war'sch dulda! Verstihst de mich! *Scharf.* Du bist ju d'r Vater zu menn'n Suhne! – Aber mir wissa, wie m'r stihn – heute und ei alle Ewigkeet! *Sie beginnt am Herde zu hantieren.* Hust de mich verstanda?
JOSEPH *kalt, wirft sich seinen Haarsträhn aus der Stirn.* Du hust recht! Sicher! Sicher! Man mißte lachen! Hahaha! – *Finster.* Aber Ihr lacht nicht. – Ihr verachtet mich! – *Voll Haß.* Su verachtet mich duch! Schließlich – su oder su! Was liegt am Ganzen! – *Er wendet sich zum Gehen.* Ich werde Eich gewiß nicht mehr lästig fallen. *Er richtet sich auf.* Das nicht! Das sicher nicht! – Haß wider Haß! Ich finde meine Wege. *Er geht hinaus.*
BREITE *ohne daß Bauer und Bäuerin ein Wort wagen.* Vater, kummt a de Arbeit!

Der Vorhang fällt.

Biographie

1858	*11. Mai:* Carl Ferdinand Max Hauptmann wird in Ober-Salzbrunn (Schlesien) geboren. Der ältere Bruder von Gerhard Hauptmann ist als Kind schwach und häufig krank. Bis zu seinem dreizehnten Lebensjahr verweilt er im Elternhaus.
1872–1883	Hauptmann besucht die Realschule in Breslau. Anschließend beginnt er ein Studium der Philosophie, Physiologie und Biologie in Jena. In dieser Zeit verfasst er die Erzählung »Sonnenwanderer«.
1883	Er promoviert Er promoviert zu dem Thema »Die Bedeutung der Keimblättertheorie für die Individualitätslehre und den Generationenwechsel« zum Dr. phil.
1884	Durch seine Heirat mit Martha Thienemann wird Carl finanziell unabhängig und setzt das Studium in Zürich fort, wo er Frank Wedekind kennen lernt.
1889	Mit der Übersiedlung nach Berlin verzichtet er auf eine wissenschaftliche Karriere in Zürich.
1891	Zusammen mit seinem Bruder lässt er sich in einem gemeinsam erworbenen Haus in Schreiberhau nieder.
1893	Er schreibt die »Metaphysik in der modernen Physiologie«; im folgenden Jahr das Drama »Marianne«.
1896	Es entsteht das dramatische Spiel »Waldleute«.
1899	Hauptmann verfasst sein nächstes Drama: »Ephraims Breite«.
1902	Dem Roman »Mathilde. Zeichnungen aus dem Leben einer armen Frau« folgen »Die Bergschmiede« und ein Jahr später »Des Königs Harfe«.
1905	Entstehung des Dramas »Austreibung«.
1907	»Einhart, der Lächler« ist ein Roman in zwei Bänden. In den kommenden Jahren werden die Dramen »Panspiele« (vier Einakter) und »Napoleon Bonaparte« verfasst.
1908	In zweiter Ehe heiratet Hauptmann die Malerin Maria Rohne. Mit ihr bekommt er Tochter Monona.
1909	Hauptmann unternimmt eine Vortragsreise nach Amerika.
1912	Hauptmann schreibt die Novellen »Nächte«.

1913	Den Erzählungen »Schicksale« folgen die Dramen »Die lange Jule« und »Krieg. Ein Tedeum«.
1916–1918	Arbeit an der Dramen-Trilogie »Die goldnen Straßen«.
1919	Hauptmann verfasst das »Rübezahlbuch« und das dramatische Spiel »Der abtrünnige Zar«.
1920	Ein Jahr vor seinem Tod werden die Erzählungen »Drei Frauen« geschrieben.
1921	*4. Februar:* Carl Hauptmann stirbt in Schreiberhau (Riesengebirge).